——————THE ULTIM/

ROMANIAN
PHRASE BOOK
1001 ROMANIAN PHRASES FOR BEGINNERS AND BEYOND!

BY ADRIAN GEE

Author's Note

Welcome to "The Ultimate Romanian Phrase Book"! I am delighted to lead you on a fascinating journey into the rich tapestry of the Romanian language, celebrated for its lyrical qualities and deep historical roots. Whether you're drawn to the vibrant streets of Bucharest, the mystical allure of Transylvania, or the serene beauty of the Romanian countryside, this book is meticulously designed to make your exploration of Romanian as enriching and engaging as possible.

As a dedicated linguist and a proponent of cultural exploration, I understand the complexities involved in learning a new language. This book is born out of that understanding, serving as your reliable guide as you sail towards Romanian fluency.

Connect with Me: Learning a language goes beyond memorizing vocabulary and grammar—it's an exciting journey into connecting with others and immersing yourself in a new culture. I encourage you to join me and fellow language enthusiasts on Instagram: @adriangruszka, where we share knowledge, experiences, and support.

Sharing is Caring: If this book becomes an essential tool in your language learning journey, I would be deeply honored if you recommend it to others who share our passion for the linguistic diversity of our world. Feel free to share your experiences and milestones in learning Romanian on Instagram, and tag me! I look forward to celebrating your successes along the way!

Embarking on the path to learning Romanian is akin to stepping into a world brimming with historical richness, enchanting folklore, and a welcoming community. Embrace the challenges, celebrate your progress, and revel in every moment of your Romanian adventure.

Mult noroc! (Good luck!)

-Adrian Gee

CONTENTS

Introduction.. 1
Greetings and Introductions.. 9
Eating and Dining... 27
Travel and Transportation.. 43
Accommodations.. 61
Shopping... 75
Emergencies... 89
Everyday Conversations.. 105
Business and Work... 119
Events and Entertainment... 133
Healthcare and Medical Needs.......................................147
Family and Relationships.. 161
Technology and Communication.................................... 173
Sports and Recreation.. 187
Transport and Directions.. 201
Special Occasions.. 215
Conclusion.. 227

INTRODUCTION

Bun venit! (Welcome!)

Whether you're enchanted by the medieval charm of Sighişoara, planning a scenic journey through the Carpathian Mountains, seeking to connect with Romanian speakers, or simply captivated by the allure of Romanian, this phrase book is here to be your faithful companion.

Embarking on the Romanian language journey ushers you into a world marked by its poetic beauty, rich historical narratives, and a deep-seated sense of community and warmth that is quintessentially Romanian.

De ce românește? (Why Romanian?)

With over 25 million native speakers, Romanian is not just the language of the legendary Dracula and the picturesque Danube Delta, but it also plays a crucial role in Eastern European culture, history, and business. As the official language of Romania and Moldova, it serves as a vital bridge for travelers, business people, and anyone enchanted by its unique charm.

Pronunție (Pronunciation)

Before diving into the diverse phrases and expressions, it's vital to acquaint yourself with the rhythmic heartbeat of Romanian. Every language has its own melody, and Romanian resonates with a lyrical flow that is both vibrant and contemplative, reflecting the spirit of its landscapes and people. While Romanian pronunciation may initially seem intricate, with practice, its fluid sounds and rhythmic cadence can become an exhilarating aspect of your language journey.

Romanian pronunciation is characterized by its clear vowel sounds and rolling 'r's. The language's melody comes from its Latin roots, with a smooth flow and emphasis on the correct syllables. Mastering pronunciation is not just about being understood—it's about forming a deeper bond with the language and its speakers.

Alfabetul Românesc (The Romanian Alphabet)

The Romanian alphabet, also derived from the Latin script, consists of 31 letters. Some letters have pronunciation nuances unique to Romanian, and the alphabet includes a few special characters that are crucial for accurate pronunciation.

Vocale (Vowels)

A (a): Similar to the "a" in "father."
E (e): Like the "e" in "bet."
I (i): As in "machine."
O (o): Comparable to the "o" in "or."
U (u): Like the "oo" in "food."
Ă (ă): A unique sound, somewhat like the "a" in "about."
Î (î), Â (â): Both pronounced the same, similar to the "ir" in "sir."

Consoane (Consonants)

B (b): As in English "bat."
C (c): Before "e" or "i," it sounds like "ch" in "cherry." Elsewhere, like the "k" in "cat."
D (d): Like the "d" in "dog."
F (f): As in English "far."
G (g): Before "e" or "i," it sounds like the "g" in "gem." In other cases, like the "g" in "go."

H (h): Like the English "h" in "hat."

J (j): Like the "s" in "measure" or the French "j" in "jour."

K (k): As in English "kite."

L (l): As in English "love."

M (m): Like the English "m" in "mother."

N (n): Like the "n" in "nice."

P (p): As in English "pen."

R (r): A rolling "r," pronounced at the front of the mouth.

S (s): Like the "s" in "see."

T (t): Like the "t" in "top."

V (v): Like the "v" in "victory."

X (x): Typically sounds like "ks" as in "box."

Z (z): As in "zoo."

Special Characters:

Ș (ș): Like the "sh" in "ship."

Ț (ț): Similar to the "ts" in "cats."

The letters 'q', 'w', 'y' are less common in Romanian and are typically found in loanwords, proper nouns, or foreign terms. When these letters do appear, their pronunciation often aligns with the rules of the original language from which the word is borrowed. The presence of unique letters like ă, â, î, ș, and ț in the Romanian alphabet underlines the distinct phonetic characteristics that set this language apart.

Romanian Intonation and Stress

Romanian intonation is characterized by its melodic and somewhat rhythmic quality, differentiating it from other Romance languages. Generally, the stress in Romanian words tends to fall on the penultimate or the antepenultimate syllable.

Common Pronunciation Challenges

Combinări Vocale Complicate (Challenging Vowel Sounds)

Romanian has a variety of vowel sounds, some of which are unique and not present in English. Mastering these sounds, particularly in combination, is essential. The distinction between the sounds of vowels like 'ă,' 'â,' and 'î' can significantly impact the meaning of words.

Tips for Practicing Pronunciation

1. **Ascultă Cu Atenție (Listen Carefully):** Listening to Romanian music, podcasts, and watching Romanian films or TV shows is an excellent way to familiarize yourself with the language's rhythm and melody.

2. **Repetă După Un Nativ (Repeat After a Native Speaker):** Practicing with a native speaker, either in person or through language exchange platforms, is invaluable for refining your pronunciation.

3. **Utilizează O Oglindă (Use a Mirror):** Watching how your mouth moves can help ensure that your lips, teeth, and tongue are positioned correctly to produce accurate Romanian sounds.

4. **Exersează Regulat (Practice Regularly):** Consistent practice is crucial for improvement, even if it's only for a few minutes each day.

5. **Nu Te Teme De Greșeli (Don't Fear Mistakes):** Embrace mistakes as they are a vital part of the learning process, leading to better understanding and skill.

Clear pronunciation is key to navigating the rich soundscape of Romanian. By committing to mastering the unique vowels and understanding the rhythmic stress patterns, you'll find the language opening up like the diverse landscapes of Romania. From the soft murmur of 'ș' and 'ț' to the rolling 'r's and fluid vowels, each nuance captures a piece of Romania's enchanting history and culture.

What You'll Find Inside

- **Fraze Esențiale (Essential Phrases):** A selection of carefully chosen sentences and expressions for various scenarios you may encounter in Romanian-speaking contexts.

- **Exerciții Interactive (Interactive Exercises):** Engaging exercises designed to test and improve your language skills, encouraging active use of Romanian.

- **Insight-uri Culturale (Cultural Insights):** Delve into the rich tapestry of Romanian-speaking regions, from their social customs to historical landmarks.

- **Resurse Suplimentare (Additional Resources):** A compilation of further materials and advice for deepening your Romanian language skills, including websites, literature recommendations, and travel tips.

How to Use This Phrase Book

This book is carefully structured to serve both beginners taking their initial steps in Romanian and intermediate learners seeking to refine their skills. Begin your language adventure with essential phrases tailored for a variety of situations, from simple greetings to navigating the nuances of Romanian social customs. As you gain confidence, venture into more intricate language patterns and idiomatic expressions that will bring you closer to the fluency of a native speaker.

Within these pages, you'll find cultural insights that strengthen your connection with Romania's rich history and vibrant present. Interactive exercises are strategically interspersed to reinforce your learning and help you incorporate new vocabulary and grammar into your conversations effortlessly.

Learning a language is more than just memorization—it's an immersive, ongoing quest for understanding and connection. Dive into Romanian dialogues, explore the nation's diverse literary landscape, and embrace the customs that weave the fabric of this unique culture.

Every journey towards language proficiency is unique, marked by individual pace and milestones. Nurture your skills with patience, enthusiasm, and a spirit of exploration. With consistent dedication, your proficiency and confidence in Romanian will not only improve but flourish.

Gata de start? (Ready to start?)

Embark on a rewarding journey into the heart of the Romanian language and culture. Uncover its linguistic intricacies and immerse yourself in the cultural richness Romania has to offer. This adventure is not only enlightening but transformative, broadening your horizons and enriching your global understanding.

GREETINGS & INTRODUCTIONS

- BASIC GREETINGS -
- INTRODUCING YOURSELF AND OTHERS -
- EXPRESSING POLITENESS AND FORMALITY -

Basic Greetings

1. Hi!
   Salut!
   (Sah-loot!)

2. Hello!
   Bună!
   (Boo-nah!)

   > **Idiomatic Expression:** "A pune paie pe foc." -
   > Meaning: "To make matters worse."
   > (Literal Translation: "To put straw on the fire.")

3. Good morning!
   Bună dimineața!
   (Boo-nah dee-mee-neh-ah-tzah!)

   > **Cultural Insight:** Romanians are known for their warm
   > hospitality and often go out of their way to make guests
   > feel comfortable.

4. Good afternoon!
   Bună ziua!
   (Boo-nah zee-wah!)

5. Good evening!
   Bună seara!
   (Boo-nah seh-ah-rah!)

6. How are you?
   Ce mai faceți? (formal) / Ce mai faci? (informal)
   (Cheh my fah-chetz?) / (Cheh my fahch?)

   > **Cultural Insight:** Romanian is the only Eastern
   > Romance language, preserving a lot of Latin roots.

7. Everything good?
   Totul bine?
   (Toh-tool bee-neh?)

8. How is it going?
   Cum merge?
   (Koom mehr-geh?)

9. How is everything?
   Cum e totul?
   (Koom eh toh-tool?)

10. I'm good, thank you.
    Sunt bine, mulțumesc.
    (Soont bee-neh, mool-tzoo-mesk.)

11. And you?
    Și dumneavoastră? (formal) / Și tu? (informal)
    (She doo-mneh-voh-as-trah?) / (She too?)

12. Let me introduce...
    Permiteți-mi să vă prezint...
    (Pehr-mee-tehtz-mee sah vah preh-zeent...)

13. This is...
    Acesta este...
    (Ah-ches-tah es-teh...)

14. Nice to meet you!
Îmi pare bine să te cunosc!
(Eem pareh bee-neh sah teh koo-nosk!)

15. Delighted!
Încântat!
(Een-kahn-taht!)

16. How have you been?
Ce-ai făcut în ultima vreme?
(Cheh-ai fuh-koot oon ool-tee-mah vreh-meh?)

Politeness and Formality

17. Excuse me.
Scuzați-mă.
(Skoo-zah-tzuh-muh.)

18. Please.
Vă rog. / Te rog. (depending on formality)
(Vuh rohg.) / (Teh rohg.)

19. Thank you.
Mulțumesc.
(Mool-tzoo-mesk.)

> **Fun Fact:** Romanian is a Romance language, sharing roots with Italian, Spanish, French, and Portuguese.

20. Thank you very much!
Mulțumesc foarte mult!
(Mool-tzoo-mesk foh-ar-teh moolt!)

21. I'm sorry.
Îmi pare rău.
(Eem pareh r-ow.)

22. I apologize.
Îmi cer scuze.
(Eem cher skoo-zeh.)

23. Sir
Domnule
(Dom-noo-leh)

24. Madam
Doamnă
(Doh-am-nuh)

25. Miss
Domnișoară
(Dom-nee-shwa-rah)

26. Your name, please?
Cum vă numiți? (formal) / Cum te numești? (informal)
(Koom vuh noo-meetz?) / (Koom teh noo-mesh-tee?)

27. Can I help you with anything?
Vă pot ajuta cu ceva?
(Vuh pot ah-zhoo-tah koo cheh-vah?)

28. I am thankful for your help.
Sunt recunoscător pentru ajutorul tău.
(Soont reh-koo-nos-kah-tor pen-troo ah-zhoo-toh-rul t-ow.)

29. The pleasure is mine.
Plăcerea este a mea.
(Pluh-cheh-reah es-teh ah meh-ah.)

30. Thank you for your hospitality.
    Mulțumesc pentru ospitalitatea dumneavoastră.
    (Mool-tzoo-mesk pen-troo os-pee-tah-lee-tah-teh-ah doo-mneh-voh-as-trah.)

31. It's nice to see you again.
    E frumos să te văd din nou.
    (Eh froo-mos sah teh vahd deen now.)

Greetings for Different Times of Day

32. Good morning, my friend!
    Bună dimineața, prietene!
    (Boo-nah dee-mee-neh-ah-tzah, pree-eh-teh-neh!)

33. Good afternoon, colleague!
    Bună ziua, coleg!
    (Boo-nah zee-wah, koh-leg!)

34. Good evening neighbor!
    Bună seara, vecine!
    (Boo-nah seh-ah-rah, veh-chee-neh!)

35. Have a good night!
    Noapte bună!
    (No-ahp-teh boo-nah!)

36. Sleep well!
    Dormi bine!
    (Dohr-mee bee-neh!)

Special Occasions

37. Happy birthday!
La mulți ani!
(Lah mool-tz an-ee!)

> **Language Learning Tip:** Make a habit of practicing Romanian every day, even if it's just for a few minutes.

38. Merry Christmas!
Crăciun fericit!
(Krah-choon feh-ree-cheet!)

39. Happy Easter!
Paște fericit!
(Pahsh-teh feh-ree-cheet!)

> **Travel Story:** In a historic theatre in Focșani, an actor spoke of "magia scenei," or "the magic of the stage."

40. Happy holidays!
Sărbători fericite!
(Sahr-buh-toh-ree feh-ree-chee-teh!)

41. Happy New Year!
La mulți ani de Anul Nou!
(Lah mool-tz an-ee deh Ah-nool Now!)

> **Idiomatic Expression:** "A face din țânțar armăsar." - Meaning: "To make a mountain out of a molehill." (Literal Translation: "To make a stallion out of a mosquito.")

Meeting Someone for the First Time

42. Pleasure to meet you.
    Îmi face plăcere să te cunosc.
    (Eem fah-cheh pluh-chere sah teh koo-nosk.)

> **Language Learning Tip:** Use Romanian in Daily Tasks -
> Try to use Romanian in routine tasks like shopping or
> cooking.

43. I am [Your Name].
    Mă numesc [Numele tău].
    (Muh noo-mesk [Noo-meh-leh t-ow].)

44. Where are you from?
    De unde ești?
    (Deh oon-deh yesht?)

> **Language Learning Tip:** Record Yourself Speaking -
> This can help you assess your pronunciation and fluency.

45. I'm on vacation.
    Sunt în vacanță.
    (Soont oon vah-kahn-tzuh.)

46. What is your profession?
    Cu ce te ocupi?
    (Koo cheh teh oh-koo-pee?)

47. How long will you stay here?
Cât timp vei sta aici?
(Kaht teemp vay stah ah-eech?)

Responding to Greetings

48. Hello, how have you been?
Bună, ce-ai făcut în ultima vreme?
(Boo-nah, cheh-ai fuh-koot oon ool-tee-mah vreh-meh?)

> **Cultural Insight:** The predominant religion in Romania is Eastern Orthodox Christianity, which influences many cultural and traditional practices.

49. I've been very busy lately.
Am fost foarte ocupat în ultima vreme.
(Ahm fost foh-ar-teh oh-koo-paht oon ool-tee-mah vreh-meh.)

50. I've had ups and downs.
Am avut suișuri și coborâșuri.
(Ahm ah-voot soo-eesh-oor-ee she koh-boh-rah-shoor-ee.)

> **Idiomatic Expression:** "A-și băga nasul." - Meaning: "To meddle."
> Literal Translation: "To stick one's nose in."

51. Thanks for asking.
Mulțumesc că ai întrebat.
(Mool-tzoo-mesk kuh eye een-treh-baht.)

52. I feel great.
    Mă simt minunat.
    (Muh seet mee-noo-naht.)

53. Life has been good.
    Viața a fost bună.
    (Vee-ah-tzah ah fost boo-nuh.)

54. I can't complain.
    Nu mă pot plânge.
    (Noo muh pot plun-geh.)

55. And you, how are you?
    Și tu, ce mai faci?
    (She too, cheh my fahch?)

> **Language Learning Tip:** Join Language Exchange
> Communities - Find language exchange partners or
> communities online.

56. I've had some challenges.
    Am avut câteva provocări.
    (Ahm ah-voot kuh-teh-vah proh-voh-kah-re.)

57. Life is a journey.
    Viața este o călătorie.
    (Vee-ah-tzah es-teh oh kuh-luh-toh-ree-eh.)

58. Thank God, I'm fine.
    Slavă Domnului, sunt bine.
    (Slah-vuh Dom-noo-loo-ee, soont bee-neh.)

Informal Greetings

59. What's up?
Ce se întâmplă?
(Cheh seh een-tum-pluh?)

60. All good?
Totul bine?
(Toh-tool bee-neh?)

61. Hi, everything okay?
Salut, totul e bine?
(Sah-loot, toh-tool eh bee-neh?)

62. I'm good, and you?
Sunt bine, tu ce faci?
(Soont bee-neh, too cheh fahch?)

63. How's life?
Cum merge viața?
(Koom mehr-geh vee-ah-tzah?)

64. Cool!
Grozav!
(Groh-zahv!)

Saying Goodbye

65. Goodbye!
La revedere!
(Lah reh-veh-deh-reh!)

66. See you later!
Ne vedem mai târziu!
(Neh veh-dem my tahr-zee-oo!)

Language Learning Tip: Practice with Native Speakers - Engage in conversation with native Romanian speakers.

67. Bye!
Pa!
(Pah!)

68. Have a good day.
O zi bună.
(Oh zee boo-nuh.)

Language Learning Tip: Keep a Vocabulary Journal - Write down new words and phrases in a dedicated notebook.

69. Have a good weekend.
Un weekend plăcut.
(Oon weekend pluh-koot.)

70. Take care.
Ai grijă de tine.
(Eye gree-jah deh tee-neh.)

71. Bye, see you later.
Pa, ne vedem mai târziu.
(Pah, neh veh-dem my tahr-zee-oo.)

72. I need to go now.
Trebuie să plec acum.
(Treh-boo-yeh sah plek ah-koom.)

73. Take care my friend!
Ai grijă de tine, prietene!
(Eye gree-jah deh tee-neh, pree-eh-teh-neh!)

Parting Words

74. Hope to see you soon.
Sper să te văd curând.
(Sper sah teh vahd koor-uhnd.)

75. Stay in touch.
Păstrează legătura.
(Puh-streh-ah-zuh leh-gah-too-rah.)

76. I'll miss you.
O să-mi lipsești.
(Oh suh-mee leep-shehsht.)

77. Be well.
Fii bine!
(Fee bee-neh!)

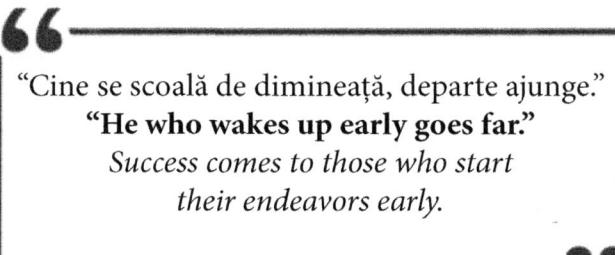

"Cine se scoală de dimineață, departe ajunge."
"He who wakes up early goes far."
*Success comes to those who start
their endeavors early.*

Interactive Challenge: Greetings Quiz

1. **Which Romanian phrase is a common way to greet people in the morning?**

    a) Ce faci?
    b) Bună dimineața!
    c) Cum te simți?

2. **What does the phrase "Încântat de cunoştinţă" mean in English?**

    a) Excuse me!
    b) Pleased to meet you!
    c) How are you?

3. **When is it appropriate to use the phrase "Bună seara!"?**

    a) In the morning
    b) In the afternoon
    c) In the evening

4. **Which phrase is used to ask someone how they are doing in Romanian?**

    a) Mulțumesc
    b) Ce faci?
    c) Unde te duci?

5. **In Romania, when can you use the greeting "Salut!"?**

    a) Only in the morning
    b) Only in the afternoon
    c) Anytime

6. **What is the Romanian equivalent of "And you?"?**

   a) Și tu?
   b) Mulțumesc
   c) Ce faci?

7. **When expressing gratitude in Romanian, what do you say?**

   a) Scuze
   b) Încântat de cunoștință
   c) Mulțumesc

8. **How do you say "Excuse me" in Romanian?**

   a) Scuză-mă
   b) Bună după-amiază!
   c) Totul e bine?

9. **Which phrase is used to inquire about someone's well-being?**

   a) Unde locuiești?
   b) Ce faci?
   c) Mulțumesc

10. **In a typical Romanian conversation, when is it common to ask about someone's background and interests during a first-time meeting?**

    a) Never
    b) Only in formal situations
    c) Always

11. In Romanian, what does "Încântat de cunoştinţă" mean?

   a) Delighted to meet you
   b) Excuse me
   c) Thank you

12. When should you use the phrase "Ce faci?"?

   a) When ordering food
   b) When asking for directions
   c) When inquiring about someone's well-being

13. Which phrase is used to make requests politely?

   a) Ce faci?
   b) Ce vrei?
   c) Te rog

14. What is the equivalent of "I'm sorry" in Romanian?

   a) Îmi pare rău
   b) Ce faci?
   c) Totul este în ordine?

Correct Answers:

1. b)
2. b)
3. c)
4. b)
5. c)
6. a)
7. c)
8. a)
9. b)
10. c)
11. a)
12. c)
13. c)
14. a)

EATING & DINING

- ORDERING FOOD AND DRINKS IN A RESTAURANT -
- DIETARY PREFERENCES AND RESTRICTIONS -
- COMPLIMENTS AND COMPLAINTS ABOUT FOOD -

Basic Ordering

78. I'd like a table for two, please.
    Aş dori o masă pentru doi, vă rog.
    (Ash doh-ree oh mah-suh pen-troo doy, vuh rohg.)

79. What's the special of the day?
    Care este specialitatea zilei?
    (Kah-reh es-teh speh-cha-lee-tah-teh-ah zee-ley?)

> **Cultural Insight:** Bram Stoker's Dracula has made Transylvania globally famous, though the region is more about picturesque towns and medieval castles than vampires.

80. Can I see the menu, please?
    Pot să văd meniul, vă rog?
    (Pot sah vahd meh-nee-ool, vuh rohg?)

81. I'll have the steak, medium rare.
    Aş dori un steak, mediu în sânge.
    (Ash doh-ree oon steak, meh-dee-oo oon sun-geh.)

82. Can I get a glass of water?
    Pot să primesc un pahar de apă?
    (Pot sah pree-mesk oon pah-har deh ah-puh?)

> **Travel Story:** In an old library in Arad, a reader whispered, "cărţile sunt ferestre către alte lumi," meaning "books are windows to other worlds."

83. Can you bring us some bread to start?
Ne puteţi aduce nişte pâine pentru început?
(Neh poo-tehtz ah-doo-cheh neesh-teh puh-eeneh pen-troo een-cheh-poot?)

84. Do you have a vegetarian option?
Aveţi o opţiune vegetariană?
(Ah-vehtz oh op-tzee-oo-neh veh-geh-tah-ree-ah-nuh?)

> **Language Learning Tip:** Teach Romanian to Others - Teaching the basics to someone else can reinforce your own learning.

85. Is there a kids' menu available?
Aveţi meniu pentru copii?
(Ah-vehtz meh-nee-oo pen-troo koh-pee?)

86. We'd like to order appetizers to share.
Am dori să comandăm aperitive de împărţit.
(Ahm doh-ree sah koh-mahn-dahm ah-peh-ree-tee-veh deh eem-pahr-tzeet.)

87. Can we have separate checks, please?
Putem să avem note separate, vă rog?
(Poo-tehm sah ah-vehm no-teh seh-pah-rah-teh, vuh rohg?)

88. Could you recommend a vegetarian dish?
Puteţi să recomandaţi un fel de mâncare vegetarian?
(Poo-tehtz sah reh-koh-man-dahtz oon fel deh muhn-kah-reh veh-geh-tah-ree-ahn?)

89. I'd like to try the local cuisine.
Aş dori să încerc bucătăria locală.
(Ash doh-ree sah een-cherch boo-kuh-tuh-ree-ah loh-kah-luh.)

90. May I have a refill on my drink, please?
Pot să primesc o reumplere la băutura mea, vă rog?
(Pot sah pree-mesk oh re-oom-plere lah bah-oo-too-rah meh-ah, vuh rohg?)

> **Language Learning Tip:** Take Notes Efficiently - Develop a system for noting down new words and grammar.

91. What's the chef's special today?
Care este specialitatea bucătarului astăzi?
(Kah-reh es-teh speh-chah-lee-tah-teh-ah boo-kuh-tah-roo-loo ah-stuh-zee?)

92. Can you make it extra spicy?
Puteți să-l faceți mai picant?
(Poo-tehtz sah ool fah-chetz my pee-kahnt?)

93. I'll have the chef's tasting menu.
Voi lua meniul de degustare al bucătarului.
(Voy loo-ah meh-nee-ool deh deh-goo-stah-reh ahl boo-kuh-tah-roo-loo.)

Special Requests

94. I'm allergic to nuts. Is this dish nut-free?
Sunt alergic la nuci. Acest fel este fără nuci?
(Soont ah-lehr-jeek lah noo-chee. Ah-chest fel es-teh fuh-rah noo-chee?)

95. I'm on a gluten-free diet. What can I have?
Sunt pe o dietă fără gluten. Ce pot comanda?
(Soont peh oh dee-eh-tah fuh-rah gloo-ten. Cheh pot koh-mahn-dah?)

96. Can you make it less spicy, please?
Puteți să-l faceți mai puțin picant, vă rog?
(Poo-tehtz sah ool fah-chetz my poo-tzeen pee-kahnt, vuh rohg?)

> **Idiomatic Expression:** "A prinde cu mâța-n sac." -
> Meaning: "To catch someone red-handed."
> (Literal translation: "To catch with the cat in the bag.")

97. Can you recommend a local specialty?
Puteți să recomandați o specialitate locală?
(Poo-tehtz sah reh-koh-mahn-dahtz oh speh-chah-lee-tah-teh loh-kah-luh?)

98. Could I have my salad without onions?
Aș putea avea salata mea fără ceapă?
(Ahsh poo-teh-ah ah-veh-ah sah-lah-tah meh-ah fuh-rah cheah-puh?)

99. Are there any daily specials?
Aveți vreo ofertă specială a zilei?
(Ah-vehtz vreh-oh oh-fehr-tuh speh-chah-luh ah zee-ley?)

> **Fun Fact:** Despite being surrounded by Slavic-speaking
> countries, Romanian is not a Slavic language.

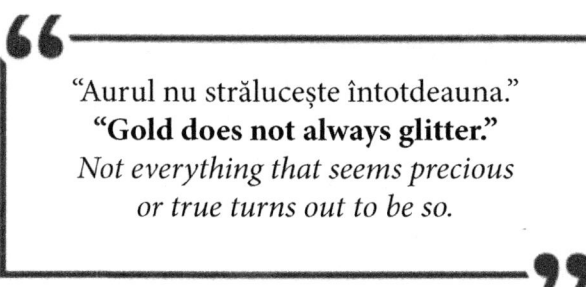

"Aurul nu strălucește întotdeauna."
"Gold does not always glitter."
*Not everything that seems precious
or true turns out to be so.*

100. Can I get a side of extra sauce?
Pot să primesc un pic de sos în plus?
(Pot sah pree-mesk oon peek deh sos oon ploos?)

101. I'd like a glass of red/white wine, please.
Aș dori un pahar de vin roșu/alb, vă rog.
(Ash doh-ree oon pah-har deh veen roh-shoo/alb, vuh rohg.)

102. Could you bring the bill, please?
Îmi puteți aduce nota, vă rog?
(Eem poo-tehtz ah-doo-cheh noh-tah, vuh rohg?)

Allergies and Intolerances

103. I have a dairy allergy. Is the sauce dairy-free?
Sunt alergic la lactate. Sosul este fără lactate?
(Soont ah-lehr-jeek lah lahk-tah-teh. Sos-ool es-teh fuh-rah lahk-tah-teh?)

> **Fun Fact:** Romania is often associated with the vampire legend, mainly due to the famous character Dracula, inspired by the historical figure Vlad the Impaler.

104. Does this contain any seafood? I have an allergy.
Conține acesta fructe de mare? Sunt alergic.
(Kohn-teen-eh ah-ches-tah frook-teh deh mah-reh? Soont ah-lehr-jeek.)

105. I can't eat anything with soy. Is that an issue?
Nu pot mânca nimic cu soia. Este o problemă?
(Noo pot mun-kah nee-meek koo soy-ah. Es-teh oh proh-bleh-muh?)

106. I'm lactose intolerant, so no dairy, please.
Sunt intolerant la lactoză, așa că nu vreau lactate, vă rog.
(Soont een-toh-leh-raahnt lah lahk-toh-zuh, ah-shah kuh noo vreh-ow lahk-tah-teh, vuh rohg.)

107. Is there an option for those with nut allergies?
Există o opțiune pentru cei cu alergie la nuci?
(Ex-ees-tuh oh op-tzee-oo-neh pen-troo chey koo ah-lehr-jee-eh lah noo-chee?)

108. I'm following a vegan diet. Is that possible?
Urmez o dietă vegană. Este posibil?
(Oor-mez oh dee-eh-tuh veh-gah-nuh. Es-teh poh-see-beel?)

> **Cultural Insight:** "Mărțișor" - A traditional celebration at the beginning of spring (March 1st), where people give small tokens with red and white strings to bring good luck.

109. Is this dish suitable for someone with allergies?
Este această mâncare potrivită pentru cineva cu alergii?
(Es-teh ah-ches-tuh mun-kah-reh poh-tree-vee-tuh pen-troo chee-neh-vah koo ah-lehr-jee?)

110. I'm trying to avoid dairy. Any dairy-free options?
Încerc să evit lactatele. Există opțiuni fără lactate?
(Een-cherk sah eh-veet lahk-tah-teh-leh. Ex-ees-tuh op-tzee-oo-nee fuh-rah lahk-tah-teh?)

111. I have a shellfish allergy. Is it safe to order seafood?
Sunt alergic la crustacee. Este sigur să comand fructe de mare?
(Soont ah-lehr-jeek lah kroo-stah-cheh. Es-teh see-goor sah koh-mahnd frook-teh deh mah-reh?)

112. Can you make this gluten-free?
Puteți face acest lucru fără gluten?
(Poo-tehtz fah-che ah-ches loo-kroo fuh-rah gloo-ten?)

> **Language Learning Tip:** Learn the Pronunciation Rules
> - Familiarize yourself with the sounds of the Romanian
> alphabet.

Specific Dietary Requests

113. I prefer my food without cilantro.
Prefer mâncarea mea fără coriandru.
(Preh-fer mun-kah-reah meh-ah fuh-rah koh-ree-ahn-droo.)

114. Could I have the dressing on the side?
Aș putea avea sosul separat?
(Ahsh poo-teh-ah ah-veh-ah soh-sool seh-pah-raht?)

115. Can you make it vegan-friendly?
Puteți să-l faceți potrivit pentru vegani?
(Poo-tehtz sah ool fah-chetz poh-tree-veet pen-troo veh-gah-nee?)

116. I'd like extra vegetables with my main course.
Aș dori legume în plus la felul principal.
(Ahsh doh-ree leh-goo-meh oon ploos lah fel-ool preehn-chee-pahl.)

117. Is this suitable for someone on a keto diet?
Este acest fel potrivit pentru o dietă keto?
(Es-teh ah-ches fel poh-tree-veet pen-troo oh dee-eh-tah keh-toh?)

118. I prefer my food with less oil, please.
Prefer mâncarea mea cu mai puțin ulei, vă rog.
(Preh-fer mun-kah-reah meh-ah koo my poo-tzeen oo-ley, vuh rohg.)

119. Is this dish suitable for vegetarians?
Este acest fel potrivit pentru vegetarieni?
(Es-teh ah-ches fel poh-tree-veet pen-troo veh-geh-tah-ree-eh-nee?)

120. I'm on a low-carb diet. What would you recommend?
Sunt pe o dietă cu puțini carbohidrați. Ce ați recomanda?
(Soont peh oh dee-eh-tah koo poo-tee-nee kar-boh-hee-drahtz. Cheh ah-tz reh-koh-mahn-dah?)

> **Fun Fact:** The Merry Cemetery in Săpânța is known for its colorful tombstones with humorous epitaphs.

121. Is the bread here gluten-free?
Pâinea de aici este fără gluten?
(Puh-een-eh deh ah-eech es-teh fuh-rah gloo-ten?)

122. I'm watching my sugar intake. Any sugar-free desserts?
Sunt atent la consumul de zahăr. Aveți deserturi fără zahăr?
(Soont ah-tent lah kohn-soo-mool deh zah-hahr. Ah-vehtz deh-zehr-too-ree fuh-rah zah-hahr?)

> **Travel Story:** In the heart of Bucharest, a street artist described his work to me as "capturing the soul of the city," or "prinderea sufletului orașului."

Compliments

123. This meal is delicious!
Această masă este delicioasă!
(Ah-ches-tuh mah-suh es-teh deh-lee-cho-ah-suh!)

> **Fun Fact:** The Carpathians, one of Europe's longest mountain ranges, run through Romania.

124. The flavors in this dish are amazing.
Aromele din acest fel sunt uimitoare.
(Ah-roh-meh-leh deen ah-ches fel soont oo-ee-mee-toh-ah-reh.)

125. I love the presentation of the food.
Îmi place prezentarea mâncării.
(Eem plah-che preh-zen-tah-reah mun-kah-re-e.)

126. This dessert is outstanding!
Acest desert este excepțional!
(Ah-ches deh-sert es-teh ek-sep-tsee-oh-nahl!)

127. The service here is exceptional.
Serviciul aici este excepțional.
(Ser-vee-choo-eel ah-eech es-teh ek-sep-tsee-oh-nahl.)

> **Language Learning Tip:** Set Weekly Challenges - Challenge yourself with new words or grammar rules each week.

128. The chef deserves praise for this dish.
Bucătarul merită laude pentru acest fel.
(Boo-kah-tah-rool meh-ree-tuh low-deh pen-troo ah-ches fel.)

129. I'm impressed by the quality of the ingredients.
Sunt impresionat de calitatea ingredientelor.
(Soont eem-preh-syo-naht deh kah-lee-tah-teah een-gre-dyehn-tay-lor.)

130. The atmosphere in this restaurant is wonderful.
Atmosfera în acest restaurant este minunată.
(Aht-mos-feh-rah oon ah-ches res-tow-rant es-teh mee-noo-nah-tuh.)

131. Everything we ordered was perfect.
Tot ce am comandat a fost perfect.
(Toht cheh ahm koh-mahn-daht ah fost per-fekt.)

Compaints

132. The food is cold. Can you reheat it?
Mâncarea este rece. O puteți încălzi?
(Mun-kah-reah es-teh reh-cheh. Oh poo-tehtz oon-kahl-zee?)

> **Fun Fact:** Transfăgărășan Road - Known as one of the most spectacular roads in the world.

133. This dish is too spicy for me.
Acest fel este prea picant pentru mine.
(Ah-ches fel es-teh preh-ah pee-kahnt pen-troo mee-neh.)

134. The portion size is quite small.
Porția este destul de mică.
(Por-tzee-ah es-teh des-tool deh mee-kah.)

135. There's a hair in my food.
Este un fir de păr în mâncarea mea.
(Es-teh oon feer deh pahr oon mun-kah-reah meh-ah.)

136. I'm not satisfied with the service.
Nu sunt mulțumit de serviciu.
(Noo soont mool-tzoo-meet deh ser-vee-choo.)

137. The soup is lukewarm.
Supa este călduță.
(Soo-pah es-teh kuhl-doo-tzuh.)

138. The sauce on this dish is too salty.
Sosul de la acest fel este prea sărat.
(Soh-sool deh lah ah-ches fel es-teh preh-ah suh-raht.)

> **Idiomatic Expression:** "A avea o mână de fier."
> Meaning: "To rule with an iron fist."
> (Literal translation: "To have an iron hand.")

139. The dessert was a bit disappointing.
Desertul a fost puțin dezamăgitor.
(Deh-ser-tool ah fost poo-tzeen deh-zuh-muh-ghee-tor.)

140. I ordered this dish, but you brought me something else.
Am comandat acest fel, dar mi-ați adus altceva.
(Ahm koh-mahn-daht ah-ches fel, dar mee-ah-tz ah-doos ahlt-cheh-vah.)

141. The food took a long time to arrive.
Mâncarea a durat mult până să ajungă.
(Mun-kah-reah ah doo-raht moolt puhn-uh suh ah-zhoon-guh.)

Specific Dish Feedback

142.   The steak is overcooked.
         Friptura este prea făcută.
         (Freep-too-rah es-teh preh-ah fuh-koo-tuh.)

> **Fun Fact:** Bucharest - The capital city, known as 'Little Paris' in the 1900s for its architecture.

143.   This pasta is undercooked.
         Această paste este nefiartă suficient.
         (Ah-ches-tuh pahs-teh es-teh neh-fyar-tuh soo-fee-chee-ent.)

144.   The fish tastes off. Is it fresh?
         Peştele are un gust ciudat. Este proaspăt?
         (Pesh-teh-leh ah-reh oon goost choo-daht. Es-teh pro-ahs-paht?)

145.   The salad dressing is too sweet.
         Dressingul de salată este prea dulce.
         (Dreh-seeng-ool deh sah-lah-tuh es-teh preh-ah dool-cheh.)

146.   The rice is underseasoned.
         Orezul este insuficient condimentat.
         (Oh-reh-zool es-teh een-soo-fee-chee-ent kohn-dee-mehn-taht.)

> **Language Learning Tip:** Learn the Culture - Understanding Romanian culture can enhance language learning.

147.   The dessert lacks flavor.
         Desertul nu are gust.
         (Deh-ser-tool noo ah-reh goost.)

148. The vegetables are overcooked.
Legumele sunt prea fierte.
(Leh-goo-meh-leh soont preh-ah fyehr-teh.)

149. The pizza crust is burnt.
Crusta de pizza este arsă.
(Kroos-tah deh pee-tzah es-teh ahr-suh.)

> **Travel Story:** At Bran Castle, a guide whispered, "aici bântuie spiritul lui Dracula," meaning "here roams the spirit of Dracula," adding an eerie atmosphere to the tour.

150. The burger is dry.
Burgerul este uscat.
(Boor-ge-rool es-teh oos-caht.)

151. The fries are too greasy.
Cartofii prăjiți sunt prea grăsiți.
(Kar-toh-fee pruh-jee-tz soont preh-ah gruh-see-tz.)

152. The soup is too watery.
Supa este prea apoasă.
(Soo-pah es-teh preh-ah ah-po-ah-suh.)

"Mai bine mai târziu decât niciodată."
"Better late than never."
It's better to do something late than not do it at all.

Word Search Puzzle: Eating & Dining

RESTAURANT
RESTAURANT
MENU
MENIU
APPETIZER
APERITIV
VEGETARIAN
VEGETARIAN
ALLERGY
ALERGIE
VEGAN
VEGAN
SPECIAL
SPECIAL
DESSERT
DESERT
SERVICE
SERVICIU
CHEF
BUCĂTAR-ȘEF
INGREDIENTS
INGREDIENTE
ATMOSPHERE
ATMOSFERĂ
PERFECT
PERFECT

```
E  X  C  E  G  S  S  T  A  H  J  Y  T  N  G
M  D  R  G  O  N  P  C  P  H  U  Q  R  B  H
P  C  M  T  A  S  E  E  E  Y  M  T  B  B  X
T  H  B  G  F  A  C  F  R  V  E  G  A  N  U
S  E  E  L  Q  J  I  R  I  Q  J  T  T  D  D
Ă  V  X  X  B  G  A  E  T  X  R  K  Y  Q  V
I  R  K  F  J  O  L  P  I  D  J  S  B  E  V
F  B  E  D  U  X  Z  S  V  D  V  Z  I  K  X
D  H  D  F  X  R  X  C  E  J  Q  V  A  I  R
C  X  C  F  S  D  J  S  Z  L  S  U  T  N  F
M  E  N  I  U  O  S  Z  B  P  O  I  N  G  W
T  O  Y  N  V  E  M  C  D  P  V  C  A  R  G
I  N  E  G  R  Ș  V  T  R  T  R  I  R  E  X
P  M  A  T  R  Z  E  V  A  W  V  V  U  D  L
U  E  P  R  Z  E  P  F  R  V  E  R  A  I  M
Z  W  H  H  U  F  L  J  X  G  W  E  T  E  R
S  W  Q  E  X  A  B  L  E  S  T  S  S  N  Y
S  P  V  W  F  W  T  T  A  A  G  O  E  T  M
T  R  E  S  E  D  A  S  P  D  W  P  R  S  H
Y  M  E  C  B  R  I  E  E  V  N  E  B  I  H
B  R  F  C  I  C  H  Z  C  R  X  I  N  B  M
A  X  M  A  I  A  K  W  V  S  R  G  E  T  N
V  P  N  S  E  V  L  I  D  C  R  R  C  P  L
W  Y  P  N  A  I  R  A  T  E  G  E  V  C  F
U  E  P  E  I  B  T  E  D  E  F  L  H  G  G
B  U  C  Ă  T  A  R  I  S  R  Q  A  C  Z  I
K  P  M  E  M  I  E  G  E  L  G  P  L  P  Q
X  V  Q  P  N  N  Z  P  H  T  E  V  G  Z  M
M  W  L  B  T  E  R  E  H  P  S  O  M  T  A
R  G  D  E  E  U  N  F  R  R  H  L  R  D  R
```

Correct Answers:

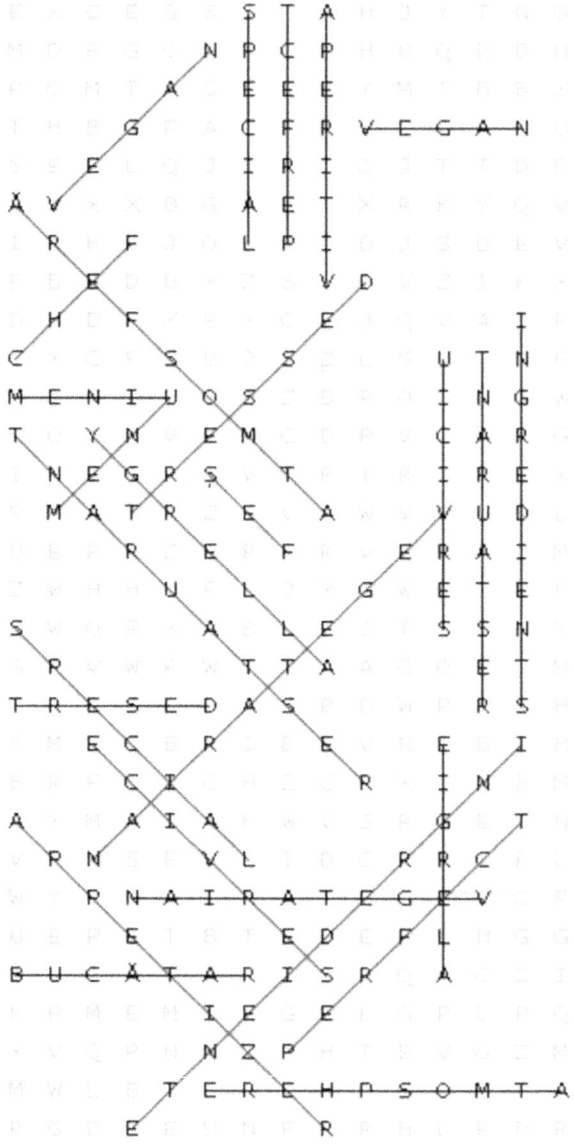

TRAVEL & TRANSPORTATION

- ASKING FOR DIRECTIONS -
- BUYING TICKETS FOR TRANSPORTATION -
- INQUIRING ABOUT TRAVEL-RELATED INFORMATION -

Directions

153. How do I get to the nearest bus stop?
Cum ajung la cea mai apropiată stație de autobuz?
(Koom ah-zhoong lah che-ah my ah-pro-pee-ah-tuh stah-tzee-eh deh ow-toh-booze?)

> **Fun Fact:** Palace of the Parliament - In Bucharest is the world's second-largest administrative building, after the Pentagon.

154. Can you show me the way to the train station?
Îmi poți arăta drumul către gara?
(Eem poh-tz ah-rah-tah droo-mool kuh-treh gah-rah?)

155. Is there a map of the city center?
Există o hartă a centrului orașului?
(Ex-ees-tuh oh har-tuh ah chen-troo-loo-ee oh-rah-shoo-loo-ee?)

156. Which street leads to the airport?
Ce stradă duce către aeroport?
(Cheh strah-dah doo-cheh kuh-treh ah-eh-roh-port?)

157. Where is the nearest taxi stand?
Unde este cea mai apropiată stație de taxiuri?
(Oon-deh es-teh che-ah my ah-pro-pee-ah-tuh stah-tzee-eh deh tak-see-oo-ree?)

> **Travel Story:** In a traditional Maramureș village, an old woman described their wooden church as "a gateway to heaven," or "o poartă către cer."

158. How can I find the hotel from here?
Cum găsesc hotelul de aici?
(Koom gah-sesk ho-teh-lool deh ah-eech?)

> **Fun Fact:** Romania's territory was once part of the Roman Empire.

159. What's the quickest route to the museum?
Care este cea mai rapidă rută către muzeu?
(Kah-reh es-teh che-ah my rah-pee-dah roo-tuh kuh-treh moo-zeh-oo?)

160. Is there a pedestrian path to the beach?
Există un traseu pietonal către plajă?
(Ex-ees-tuh oon trah-seh-oo pee-eh-toh-nahl kuh-treh plah-zhuh?)

161. Can you point me towards the city square?
Poți să îmi arăți direcția către piața centrală?
(Poh-tz sah eem ah-rah-tz deerech-tzee-ah kuh-treh pee-ah-tzah chen-trah-luh?)

> **Idiomatic Expression:** "A tăia frunză la câini." - Meaning: "To waste time."
> (Literal translation: "To cut leaves for dogs.")

162. How do I find the trailhead for the hiking trail?
Cum găsesc punctul de pornire pentru traseul de drumeție?
(Koom gah-sesk poonk-tool deh por-nee-reh pen-troo trah-seh-ool deh droo-meh-tzee-eh?)

> **Fun Fact:** Romanian Inventors - Petrache Poenaru invented the world's first fountain pen.

Ticket Purchase

163. How much is a one-way ticket to downtown?
Cât costă un bilet doar dus către centru?
(Kaht koh-stuh oon bee-let do-ahr doos kuh-treh chen-troo?)

164. Are there any discounts for students?
Există reduceri pentru studenți?
(Ex-ees-tuh reh-doo-cheh-ree pen-troo stoo-den-tz?)

> **Language Learning Tip:** Use Flashcards - Create flashcards for new vocabulary to reinforce memory.

165. What's the price of a monthly bus pass?
Cât costă un abonament lunar pentru autobuz?
(Kaht koh-stuh oon ah-boh-nah-ment loo-nar pen-troo ow-toh-booze?)

166. Can I buy a metro ticket for a week?
Pot cumpăra un bilet de metrou pentru o săptămână?
(Pot koom-puh-rah oon bee-let deh meh-troh pen-troo oh suhp-tuh-muh-nuh?)

167. How do I get a refund for a canceled flight?
Cum obțin rambursarea pentru un zbor anulat?
(Koom ob-tzeen rahm-boo-sah-reah pen-troo oon zbor ah-noo-laht?)

> **Fun Fact:** Black Church - Largest Gothic church in Romania, located in Brașov.

168. Is it cheaper to purchase tickets online or at the station?
Este mai ieftin să cumpăr bilete online sau la stație?
(Es-teh my yef-teen sah koom-pahr bee-leh-teh on-leen-eh sow lah stah-tzee-eh?)

169. Can I upgrade my bus ticket to first class?
Pot să îmi schimb biletul de autobuz pentru clasa întâi?
(Pot sah eem skeemb bee-leh-tool deh ow-toh-booze pen-troo klah-sah een-tuh-ee?)

170. Are there any promotions for weekend train travel?
Există promoții pentru călătorii cu trenul în weekend?
(Ex-ees-tuh pro-moh-tzee-ee pen-troo kuh-luh-toh-ree-eh koo tren-ool oon wee-ken?)

171. Is there a night bus to the city center?
Există un autobuz de noapte către centru?
(Ex-ees-tuh oon ow-toh-booze deh noahp-teh kuh-treh chen-troo?)

> **Idiomatic Expression:** "A umbla cu capul în nori." -
> Meaning: "To daydream."
> (Literal translation: "To walk with one's head in the clouds.")

172. What's the cost of a one-day tram pass?
Cât costă un abonament de o zi pentru tramvai?
(Kaht koh-stuh oon ah-boh-nah-ment deh oh zee pen-troo tram-vye?)

> **Fun Fact:** Romanian astronaut Dumitru Prunariu was the first Eastern European astronaut to fly in space in 1981.

Travel Info

173. What's the weather forecast for tomorrow?
Care este prognoza meteo pentru mâine?
(Kah-reh es-teh pro-gnoh-zah meh-teh-oh pen-troo m-uh-ee-neh?)

> **Fun Fact:** Tricolor Flag - Romania's flag consists of blue, yellow, and red.

174. Are there any guided tours of the historical sites?
Există tururi ghidate ale siturilor istorice?
(Ex-ees-tuh too-roo-ree ghee-dah-teh ah-leh see-too-ree-lohr ees-toh-ree-cheh?)

175. Can you recommend a good local restaurant for dinner?
Puteți recomanda un restaurant local bun pentru cină?
(Poo-tehtz reh-koh-man-dah oon res-tow-rant loh-kahl boon pen-troo chee-nuh?)

176. How do I get to the famous landmarks in town?
Cum ajung la punctele de reper celebre din oraș?
(Koom ah-zhoong lah poonk-teh-leh deh reh-per cheh-leh-breh deen oh-rahsh?)

177. Is there a visitor center at the airport?
Există un centru pentru vizitatori la aeroport?
(Ex-ees-tuh oon chen-troo pen-troo vee-zi-tah-toh-ree lah ah-eh-roh-port?)

178. What's the policy for bringing pets on the train?
Care este politica pentru aducerea animalelor de companie în tren?
(Kah-reh es-teh poh-lee-tee-kah pen-troo ah-doo-cheh-reah ah-nee-mah-leh-lohr deh kohm-pah-nee-eh oon tren?)

179. Are there any discounts for disabled travelers?
Există reduceri pentru călătorii cu handicap?
(Ex-ees-tuh reh-doo-cheh-ree pen-troo kuh-luh-toh-ree-eh koo hahn-dee-kahp?)

>   **Idiomatic Expression:** "A lua țeapă." -
>   Meaning: "To be scammed."
>   (Literal translation: "To take a spike.")

180. Can you provide information about local festivals?
Puteți oferi informații despre festivalurile locale?
(Poo-tehtz oh-feh-ree een-for-mah-tzee des-preh fes-tih-vah-loo-ree-leh loh-kah-leh?)

181. Is there Wi-Fi available on long bus journeys?
Există Wi-Fi disponibil pe călătorii lungi cu autobuzul?
(Ex-ees-tuh wee-fee dees-poh-nee-beel peh kuh-luh-toh-ree-e loon-gee koo ow-toh-boo-zool?)

>   **Fun Fact:** The Legend of Baba Dochia - A popular
>   Romanian folktale symbolizing the end of winter.

182. Where can I rent a bicycle for exploring the city?
Unde pot închiria o bicicletă pentru a explora orașul?
(Oon-deh pot oon-kee-ree-ah oh bee-chee-kleh-tuh pen-troo ah eks-ploh-rah oh-rah-shool?)

>   **Travel Story:** On a train journey through Transylvania, a
>   fellow traveler mused, "călătoria e mai importantă decât
>   destinația," meaning "the journey is more important than
>   the destination."

Getting Around by Public Transportation

183. Which bus should I take to reach the city center?
Ce autobuz ar trebui să iau pentru a ajunge în centru?
(Cheh ow-toh-booze ar treh-boo-ee suh yow pen-troo ah ah-zhoon-geh oon chen-troo?)

184. Can I buy a day pass for unlimited rides?
Pot cumpăra un abonament de o zi pentru călătorii nelimitate?
(Pot koom-puh-rah oon ah-boh-nah-ment deh oh zee pen-troo kuh-luh-toh-ree-eh neh-lee-mee-tah-teh?)

185. Is there a metro station within walking distance?
Există o stație de metrou la o distanță de mers pe jos?
(Ex-ees-tuh oh stah-tzee-eh deh meh-trow lah oh dees-tahn-tsuh deh mers peh zhohs?)

186. How do I transfer between different bus lines?
Cum schimb liniile de autobuz diferite?
(Koom skeemb lee-nee-leh deh ow-toh-booze dee-feh-ree-teh?)

187. Are there any discounts for senior citizens?
Există reduceri pentru pensionari?
(Ex-ees-tuh reh-doo-cheh-ree pen-troo pen-see-oh-nah-ree?)

188. What's the last bus/train for the night?
Care este ultimul autobuz/tren de noapte?
(Kah-reh es-teh ool-tee-mool ow-toh-booze/tren deh nowp-teh?)

189. Can you recommend a reliable taxi service?
Puteți recomanda un serviciu de taxi de încredere?
(Poo-tehtz reh-koh-man-dah oon ser-vee-choo deh tak-see deh een-kreh-deh-reh?)

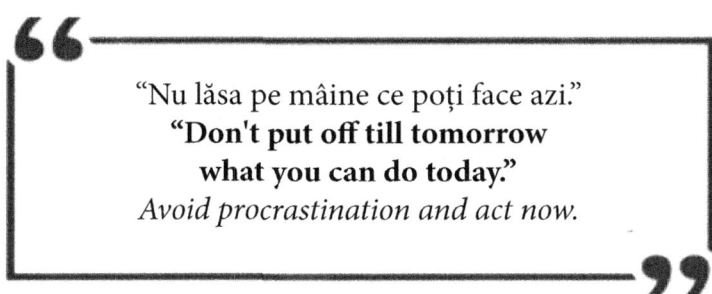

"Nu lăsa pe mâine ce poți face azi."
**"Don't put off till tomorrow
what you can do today."**
Avoid procrastination and act now.

190. Do trams run on weekends as well?
Tramvaiele circulă și în weekend?
(Tram-vye-leh cheer-koo-luh shee oon vee-ken?)

> **Fun Fact:** Danube Delta - Europe's second-largest river delta, rich in biodiversity.

191. Are there any express buses to [destination]?
Există autobuze expres către [destinație]?
(Ex-ees-tuh ow-toh-boo-zeh eks-pres kuh-treh [des-tee-nah-tzee-eh]?)

192. What's the fare for a one-way ticket to the suburbs?
Cât costă un bilet doar dus către suburbii?
(Kaht koh-stuh oon bee-let do-ahr doos kuh-treh soo-boor-bee-ee?)

> **Travel Story:** At the Peleș Castle, a guide noted, "Este o bijuterie arhitecturală," meaning "It's an architectural jewel," highlighting its stunning design.

Navigating the Airport

193. Where can I locate the baggage claim area?
Unde pot găsi zona de ridicare a bagajelor?
(Oon-deh pot guh-see zoh-nah deh ree-dee-kah-reh ah bah-gah-ye-lor?)

194. Is there a currency exchange counter in the terminal?
Există un ghișeu de schimb valutar în terminal?
(Ex-ees-tuh oon ghee-shoo deh skeemb vah-loo-tahr oon ter-mee-nahl?)

> **Idiomatic Expression:** "A face cu ochiul." -
> Meaning: "To wink."
> (Literal translation: "To do with the eye.")

195. Are there any pet relief areas for service animals?
Există zone de relaxare pentru animalele de serviciu?
(Ex-ees-tuh zoh-neh deh reh-lah-xah-reh pen-troo ah-nee-mah-leh deh ser-vee-choo?)

196. How early can I go through security?
Cât de devreme pot trece prin controlul de securitate?
(Kaht deh deh-vreh-meh pot treh-cheh preen kohn-troh-ool deh seh-koo-ree-tah-teh?)

197. What's the procedure for boarding the aircraft?
Care este procedura pentru îmbarcarea în avion?
(Kah-reh es-teh proh-cheh-doo-rah pen-troo eem-bar-kah-reah oon ah-vee-on?)

198. Can I use mobile boarding passes?
Pot folosi îmbarcări mobile?
(Pot foh-loh-see eem-bahr-kah-ree moh-bee-leh?)

199.   Are there any restaurants past security?
Există restaurante după controlul de securitate?
(Ex-ees-tuh res-tow-ran-teh doo-pah kohn-troh-ool deh seh-koo-ree-tah-teh?)

200.   What's the airport's Wi-Fi password?
Care este parola Wi-Fi a aeroportului?
(Kah-reh es-teh pah-roh-lah Wee-Fee ah ah-eh-roh-por-too-loo-ee?)

201.   Can I bring duty-free items on board?
Pot aduce produse duty-free la bord?
(Pot ah-doo-cheh proh-doo-seh doo-tee-free lah bord?)

202.   Is there a pharmacy at the airport?
Există o farmacie în aeroport?
(Ex-ees-tuh oh fahr-mah-chee-eh oon ah-eh-roh-port?)

Traveling by Car

203.   How do I pay tolls on the highway?
Cum plătesc taxele pe autostradă?
(Koom pluh-tesk tahk-seh-leh peh ow-toh-strah-duh?)

204.   Where can I find a car wash nearby?
Unde pot găsi o spălătorie auto în apropiere?
(Oon-deh pot guh-see oh spuh-luh-toh-ree-eh ow-toh oon ah-pro-pee-eh-reh?)

205.   Are there electric vehicle charging stations?
Există stații de încărcare pentru vehicule electrice?
(Ex-ees-tuh stah-tzee deh een-kahr-kah-reh pen-troo veh-ee-koo-leh eh-lehk-tree-cheh?)

206. Can I rent a GPS navigation system with the car?
Pot închiria un sistem de navigație GPS cu mașina?
(Pot oon-kee-ree-ah oon sees-tem deh nah-vee-gah-tzee-eh Gee-Pee-Ess koo mah-shee-nah?)

207. What's the cost of parking in the city center?
Cât costă parcarea în centrul orașului?
(Kaht koh-stuh pahr-kah-reah oon chen-trool oh-rah-shoo-loo-ee?)

208. Do I need an international driving permit?
Am nevoie de un permis de conducere internațional?
(Ahm neh-voy-eh deh oon pehr-mees deh kohn-doo-cheh-reh een-ter-nah-tsyoh-nahl?)

209. Is roadside assistance available?
Există asistență rutieră disponibilă?
(Ex-ees-tuh ah-sees-ten-tsuh roo-tee-eh-rah dees-poh-nee-bee-luh?)

> **Fun Fact:** The Danube-Black Sea Canal - One of the longest canals in Europe.

210. Are there any traffic cameras on this route?
Sunt camere de trafic pe această rută?
(Soont kah-meh-reh deh trah-feek peh ah-ches-tuh roo-tuh?)

211. Can you recommend a reliable mechanic?
Puteți recomanda un mecanic de încredere?
(Poo-tehtz reh-koh-man-dah oon meh-kah-neek deh een-kreh-deh-reh?)

212. What's the speed limit in residential areas?
Care este limita de viteză în zonele rezidențiale?
(Kah-reh es-teh lee-mee-tah deh vee-teh-zuh oon zoh-neh-leh reh-zee-den-tsyah-leh?)

Airport Transfers and Shuttles

213. Where is the taxi stand located at the airport?
Unde este stația de taxiuri de la aeroport?
(Oon-deh es-teh stah-tzee-ah deh tak-see-oo-ree deh lah ah-eh-roh-port?)

214. Do airport shuttles run 24/7?
Funcționează navetele aeroportului non-stop?
(Foonk-tsyoh-neh-ah-zuh nah-veh-teh-leh ah-eh-roh-por-too-loo-ee non-stop?)

> **Idiomatic Expression:** "A pune capac." -
> Meaning: "To top it all off."
> (Literal translation: "To put a lid on it.")

215. How long does it take to reach downtown by taxi?
Cât timp durează să ajungi în centru cu taxiul?
(Kaht teemp doo-rah-zuh suh ah-zhoonj oon chen-troo koo tak-see-ool?)

216. Is there a designated pick-up area for ride-sharing services?
Există o zonă specială pentru preluarea serviciilor de ridesharing?
(Ex-ees-tuh oh zoh-nuh speh-tsyah-luh pen-troo preh-loo-ah-reh ser-vee-tsyee-lor deh ride-sharing?)

217. Can I book a shuttle in advance?
Pot rezerva un shuttle dinainte?
(Pot reh-zehr-vah oon shuttle dee-nighn-teh?)

> **Fun Fact:** Romanian Folk Music - Rich in history and played with traditional instruments like the pan flute and cobza.

218. Do hotels offer free shuttle service to the airport?
Oferă hotelurile un serviciu gratuit de shuttle către aeroport?
(Oh-feh-ruh ho-teh-loo-ree-leh oon ser-vee-tsyoo grah-too-eet deh shut-le kuh-treh ah-eh-roh-port?)

219. What's the rate for a private airport transfer?
Care este tariful pentru un transfer privat către aeroport?
(Kah-reh es-teh tah-ree-fool pen-troo oon trans-fehr pree-vat kuh-treh ah-eh-roh-port?)

220. Are there any public buses connecting to the airport?
Există autobuze publice care fac legătura cu aeroportul?
(Ex-ees-tuh ow-toh-boo-zeh poo-blee-keh kah-reh fahk leh-gah-too-rah koo ah-eh-roh-por-tool?)

221. Can you recommend a reliable limousine service?
Puteți recomanda un serviciu de limuzină de încredere?
(Poo-tehtz reh-koh-man-dah oon ser-vee-tsyoo deh lee-moo-zee-nuh deh een-kreh-deh-reh?)

222. Is there an airport shuttle for early morning flights?
Există un shuttle la aeroport pentru zborurile de dimineață?
(Ex-ees-tuh oon shut-le lah ah-eh-roh-port pen-troo zboh-roo-reh-leh deh dee-mee-neh-ah-tzuh?)

Traveling with Luggage

223. Can I check my bags at this train station?
Pot să îmi verific bagajele la această stație de tren?
(Pot suh eem veh-ree-feek bah-gah-zhe-leh lah ah-ches-tuh stah-tzee-eh deh tren?)

224. Where can I find baggage carts in the airport?
Unde pot găsi cărucioare pentru bagaje în aeroport?
(Oon-deh pot guh-see kuh-roo-choah-reh pen-troo bah-gah-zheh oon ah-eh-roh-port?)

> **Fun Fact:** Romanian Cuisine is influenced by Turkish, Hungarian, Austrian, and other cuisines.

225. Are there weight limits for checked baggage?
Există limite de greutate pentru bagajele verificate?
(Ex-ees-tuh lee-mee-teh deh grew-tah-teh pen-troo bah-gah-zhe-leh veh-ree-fee-kah-teh?)

226. Can I carry my backpack as a personal item?
Pot să port rucsacul meu ca un obiect personal?
(Pot suh port rook-sah-cool meh-oo kah oon ob-ee-ekt per-soh-nahl?)

227. What's the procedure for oversized luggage?
Care este procedura pentru bagajele supradimensionate?
(Kah-reh es-teh proh-cheh-doo-rah pen-troo bah-gah-zhe-leh soo-prah-dee-men-see-oh-nah-teh?)

228. Can I bring a stroller on the bus?
Pot să iau un cărucior pentru copii în autobuz?
(Pot suh yow oon kuh-roo-chyor pen-troo koh-pee-een ow-toh-booze?)

229. Are there lockers for storing luggage at the airport?
Există dulapuri pentru depozitarea bagajelor la aeroport?
(Ex-ees-tuh doo-lah-poo-ree pen-troo deh-poh-zee-tah-reah bah-gah-zheh-lor lah ah-eh-roh-port?)

> **Fun Fact:** Romanian Language Day is celebrated on August 31st to honor the language.

230. How do I label my luggage with contact information?
Cum îmi etichetez bagajul cu informații de contact?
(Koom eem eeh-teeh-keht-ez bah-jah-ool koo een-for-mah-tsyee deh kohn-tahkt?)

231. Is there a lost and found office at the train station?
Există un birou de obiecte pierdute la gara de tren?
(Ex-ees-tuh oon bee-rou deh ob-yek-teh pyehr-doo-teh lah gah-rah deh tren?)

> **Idiomatic Expression:** "A scoate ochii." -
> Meaning: "To rip someone off."
> (Literal translation: "To take out the eyes.")

232. Can I carry fragile items in my checked bags?
Pot transporta obiecte fragile în bagajele mele verificate?
(Pot trahns-por-tah ob-yek-teh frah-gee-leh oon bah-jah-je-leh meh-leh veh-ree-fee-kah-teh?)

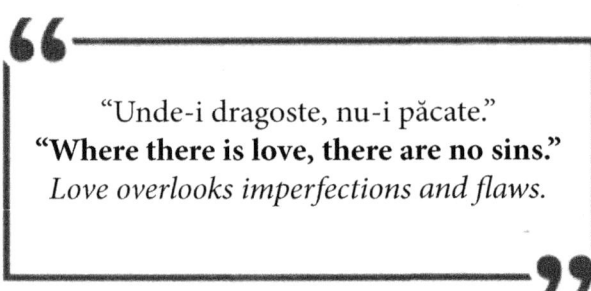

"Unde-i dragoste, nu-i păcate."
"Where there is love, there are no sins."
Love overlooks imperfections and flaws.

Word Search Puzzle: Travel & Transportation

AIRPORT
AEROPORT
BUS
AUTOBUZ
TAXI
TAXI
TICKET
BILET
MAP
HARTĂ
CAR
MAȘINĂ
METRO
METROU
BICYCLE
BICICLETĂ
DEPARTURE
PLECARE
ARRIVAL
SOSIRE
ROAD
DRUM
PLATFORM
PERON
STATION
STAȚIE
TERMINAL
TERMINAL

```
B L X T N C B T W E E L S F Z
I A P F R W V Z A Z H K U U W
C V L T Z O X H D X S A B L M
Y I A U O B P C T O E O P N V
C R T B I N Y O I S T W V V F
L R F A U S F T R U P S C B L
E A O D X M W Y A E P O O G A
O F R E O I X I B F A P A M A
U D M H R E U I T N O R R H P
D O Q F R A C I B E L A E E B
T A X I E I C I L A H C R N L
X U S E C O L E N W R O A D A
V O Q L I E K I L U N F S I N
S K E M T Ț M F P P O U T C I
Z T K E E R A O D C M K N V M
Ă N T B E T S T A P T W D E R
J A A T G V R W S Ă K Q W U E
D L W O N F D O M B T S H E T
X R A N V W F O U Z K R U K V
E K U E L A B G K G Z G A N I
Y S Z M Y Y V L H B L Z O H S
E R U T R A P E D Ă L A S P E
E S Y W I Y O Z N Z O Y W S I
H C O B L X O I Y P U O S C R
T W R A I R Ș G S G P I I C N
I N O I T A T S E Z O N R P G
C Y Z B M T R O P R I A I K P
K F B W M X R M L I V O O S N
E M E T R O Y O U I B C U G E
T V K U J L Z K T J L I G K Y
```

Correct Answers:

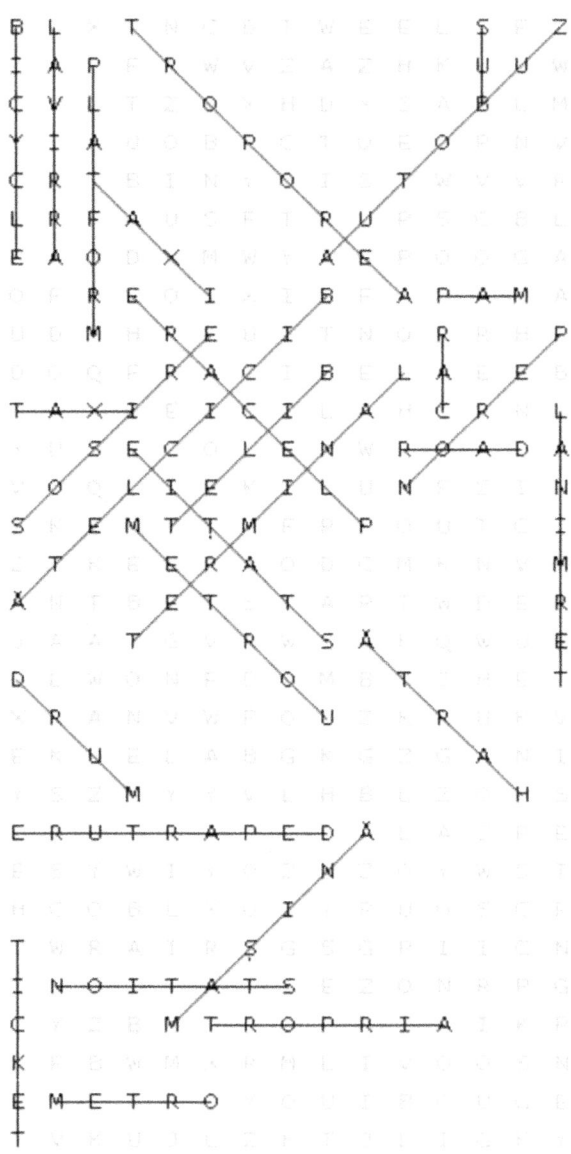

ACCOMMODATIONS

- CHECKING INTO A HOTEL -
- ASKING ABOUT ROOM AMENITIES -
- REPORTING ISSUES OR MAKING REQUESTS -

Hotel Check-In

233.   I have a reservation under [Name].
Am o rezervare pe numele [Nume].
(Ahm oh reh-zer-vah-reh peh noo-meh-leh [Noo-meh].)

234.   Can I see some identification, please?
Pot vedea o formă de identificare, vă rog?
(Pot veh-deh-ah oh for-mah deh een-tee-dee-fee-kah-reh, vuh rohg?)

235.   What time is check-in/check-out?
La ce oră este check-in/check-out?
(Lah cheh oh-rah es-teh chek-een/che-kowt?)

236.   Is breakfast included in the room rate?
Micul dejun este inclus în prețul camerei?
(Mee-kool deh-zhoon es-teh een-kloos oon preh-tzool kah-meh-reh-ee?)

237.   Do you need a credit card for incidentals?
Aveți nevoie de un card de credit pentru cheltuieli suplimentare?
(Ah-veh-tz neh-voy-eh deh oon kahrd deh creh-deet pen-troo khel-twee-eh-lee soo-plee-mehn-tah-reh?)

238.   May I have a room key, please?
Pot primi o cheie de cameră, vă rog?
(Pot pree-mee oh khee-eh deh kah-meh-rah, vuh rohg?)

239.   Could you call a bellhop for assistance?
Puteți chema un portar pentru ajutor?
(Poo-tehtz keh-mah oon por-tahr pen-troo ah-zhoo-tohr?)

240. Is there a shuttle service to the airport?
Există un serviciu de shuttle către aeroport?
(*Ex-ees-tuh oon ser-vee-tsyoo deh shut-le kuh-treh ah-eh-roh-port?*)

> **Fun Fact:** The earliest known writing in Europe is the Tartaria tablets found in Romania, dated to around 5300 BC.

Room Amenities

241. Can I request a non-smoking room?
Pot solicita o cameră pentru nefumători?
(*Pot soh-lee-chee-tah oh kah-meh-rah pen-troo neh-foo-muh-toh-ree?*)

242. Is there a mini-fridge in the room?
Este un mini-frigider în cameră?
(*Es-teh oon mee-nee-free-gee-der oon kah-meh-rah?*)

243. Do you provide free Wi-Fi access?
Oferiți acces gratuit la Wi-Fi?
(*Oh-feh-reets ah-ches grah-too-eet lah Wee-Fee?*)

244. Can I have an extra pillow or blanket?
Pot avea o pernă sau o pătură în plus?
(*Pot ah-veh-ah oh pehr-nuh sow oh puh-too-rah oon ploos?*)

245. Is there a hairdryer in the bathroom?
Este un uscător de păr în baie?
(*Es-teh oon oos-kah-tohr deh pahr oon bye-eh?*)

246. What's the TV channel lineup?
Care sunt canalele TV disponibile?
(Kah-reh soont kah-nah-leh-leh TV dees-poh-nee-bee-leh?)

247. Are toiletries like shampoo provided?
Sunt incluse articole de toaletă precum şampon?
(Soont een-kloo-seh ar-tee-coh-leh deh twah-leh-tuh preh-koom shahm-pon?)

248. Is room service available 24/7?
Este disponibil room service non-stop?
(Es-teh dees-poh-nee-beel room ser-vee-seh non-stop?)

> **Fun Fact:** World's Heaviest Building - The Palace of the Parliament in Bucharest holds this record.

Reporting Issues

249. There's a problem with the air conditioning.
Există o problemă cu aerul condiţionat.
(Ex-ees-tuh oh pro-bleh-mah koo ah-e-rool kon-dee-tsyoh-nat.)

250. The shower is not working properly.
Duşul nu funcţionează corect.
(Doosh-ool noo foonk-tsyoh-ne-ah-zuh koh-rect.)

251. My room key card isn't functioning.
Cartela mea pentru cameră nu funcţionează.
(Kar-teh-lah meh-ah pen-troo kah-meh-rah noo foonk-tsyoh-ne-ah-zuh.)

252. There's a leak in the bathroom.
Există o scurgere în baie.
(*Ex-ees-tuh oh skoor-ge-reh oon bye-eh.*)

253. The TV remote is not responding.
Telecomanda de la TV nu răspunde.
(*Tel-eh-koh-man-dah deh lah TV noo rah-spoo-ndeh.*)

254. Can you fix the broken light in my room?
Puteți repara lampa stricată din camera mea?
(*Poo-tehtz reh-pah-rah lahm-pah stree-kah-tuh deen kah-meh-rah meh-ah?*)

255. I need assistance with my luggage.
Am nevoie de ajutor cu bagajul meu.
(*Ahm neh-voy-eh deh ah-zhoo-tohr koo bah-jah-jool meh-oo.*)

256. There's a strange noise coming from next door.
Se aude un zgomot ciudat din camera alăturată.
(*Seh ah-oo-deh oon zgo-moht chyoo-daht deen kah-meh-rah ah-luh-too-rah-tuh.*)

Making Requests

257. Can I have a wake-up call at 7 AM?
Pot primi un apel de trezire la ora șapte dimineața?
(*Pot pree-mee oon ah-pel deh treh-zee-reh lah oh-rah shap-teh dee-mee-neh-ah-tzuh?*)

> **Fun Fact:** Timișoara was the first European city to have electric street lighting (1884).

258. Please send extra towels to my room.
Vă rog să trimiteți prosoape suplimentare în camera mea.
(*Vuh rohg suh tree-mee-tehtz proh-soah-peh soo-plee-mehn-tah-reh oon kah-meh-rah meh-ah.*)

259. Could you arrange a taxi for tomorrow?
Puteți aranja un taxi pentru mâine?
(*Poo-tehtz ah-rahn-jah oon tak-see pen-troo m-uh-ee-neh?*)

260. I'd like to extend my stay for two more nights.
Aș dori să-mi prelungesc șederea cu încă două nopți.
(*Ahsh doh-ree suh-mee preh-loon-gesk sheh-deh-reh-ah koo een-kah doo-uh nop-ts.*)

> **Idiomatic Expression:** "A da cu mucii-n fasole." -
> Meaning: "To mess things up."
> (Literal translation: "To hit the beans with one's snot.")

261. Is it possible to change my room?
Este posibil să schimb camera?
(*Es-teh poh-see-beel suh skeemb kah-meh-rah?*)

262. Can I have a late check-out at 2 PM?
Pot avea un check-out târziu la ora două după-amiaza?
(*Pot ah-veh-ah oon chek-owt târ-zee-oo lah oh-rah doo-uh doo-pah ah-mee-ah-zah?*)

263. I need an iron and ironing board.
Am nevoie de un fier de călcat și o masă de călcat.
(*Ahm neh-voy-eh deh oon feer deh kuhl-kaht shee oh mah-sah deh kuhl-kaht.*)

264. Could you provide directions to [location]?
Puteți oferi indicații către [locație]?
(*Poo-tehtz oh-feh-ree een-dee-kah-tsyee kuh-treh [loh-kah-tsy eh]?*)

Room Types and Preferences

265. I'd like to book a single room, please.
Aş dori să rezerv o cameră single, vă rog.
(Ahsh doh-ree suh reh-zehrv oh kah-meh-rah seen-gleh, vuh rohg.)

266. Do you have any suites available?
Aveți suite disponibile?
(Ah-veh-tz swee-teh dees-poh-nee-bee-leh?)

267. Is there a room with a view of the city?
Există o cameră cu vedere către oraș?
(Ex-ees-tuh oh kah-meh-rah koo veh-deh-reh kuh-treh oh-rahsh?)

268. Is breakfast included in the room rate?
Micul dejun este inclus în prețul camerei?
(Mee-kool deh-zhoon es-teh een-kloos oon preh-tzool kah-meh-reh-ee?)

269. Can I request a room on a higher floor?
Pot solicita o cameră la un etaj superior?
(Pot soh-lee-chee-tah oh kah-meh-rah lah oon eh-tahj soo-peh-ree-or?)

270. Is there an option for a smoking room?
Există opțiunea pentru o cameră pentru fumători?
(Ex-ees-tuh op-tsyoo-neh-ah pen-troo oh kah-meh-rah pen-troo foom-uh-toh-ree?)

> **Travel Story:** In a bustling market in Cluj-Napoca, a vendor called his cheese "gustul autentic al Transilvaniei," or "the authentic taste of Transylvania."

271. Are there connecting rooms for families?
Există camere interconectate pentru familii?
(Ex-ees-tuh kah-meh-reh een-ter-koh-nek-tah-teh pen-troo fah-mee-lee?)

272. I'd prefer a king-size bed.
Aş prefera un pat king-size.
(Ahsh preh-feh-rah oon paht keeng-size.)

273. Is there a bathtub in any of the rooms?
Există cadă în unele dintre camere?
(Ex-ees-tuh kah-dah oon oo-neh-leh deen-treh kah-meh-reh?)

Hotel Facilities and Services

274. What time does the hotel restaurant close?
La ce oră se închide restaurantul hotelului?
(Lah cheh oh-rah seh eench-ee-deh res-tow-ran-tool ho-teh-loo-oo-ee?)

275. Is there a fitness center in the hotel?
Există un centru de fitness în hotel?
(Ex-ees-tuh oon chen-troo deh fit-ness oon ho-tel?)

276. Can I access the pool as a guest?
Pot folosi piscina ca oaspete?
(Pot foh-loh-see pee-scee-nah kah oh-ah-speh-teh?)

277. Do you offer laundry facilities?
Oferiţi facilităţi de spălătorie?
(Oh-feh-reets fah-chee-luh-tuh-tsy deh spuh-luh-toh-ree-eh?)

278. Is parking available on-site?
Este parcare disponibilă la fața locului?
(*Es-teh pahr-kah-reh dees-poh-nee-bee-luh lah fah-tzah loh-koo-loo-ee?*)

279. Is room cleaning provided daily?
Se face curățenie în cameră zilnic?
(*Seh fah-cheh koo-rah-tze-nee-eh oon kah-meh-rah zil-neek?*)

280. Can I use the business center?
Pot folosi centrul de afaceri?
(*Pot foh-loh-see chen-trull deh ah-fah-cheh-ree?*)

281. Are pets allowed in the hotel?
Sunt permise animalele de companie în hotel?
(*Soont pehr-mee-seh ah-nee-mah-leh-leh deh kohm-pah-nee-eh oon ho-tel?*)

> **Travel Story:** A waiter in Sibiu recommended "cea mai bună mămăligă," or "the best polenta," claiming it's a must-try Romanian dish.

Payment and Check-Out

282. Can I have the bill, please?
Pot primi nota de plată, vă rog?
(*Pot pree-mee noh-tah deh plah-tuh, vuh rohg?*)

283. Do you accept credit cards?
Acceptați carduri de credit?
(*Ahk-cep-tah-tz kahr-doo-ree deh kreh-deet?*)

284. Can I pay in cash?
     Pot plăti în numerar?
     (*Pot pluh-tee oon noo-meh-rar?*)

285. Is there a security deposit required?
     Este necesar un depozit de garanție?
     (*Es-teh neh-cheh-sar oon deh-poh-zeet deh gah-ran-tsyeh?*)

286. Can I get a receipt for my stay?
     Pot obține un chitanță pentru șederea mea?
     (*Pot ob-tzee-neh oon kee-tahn-tsuh pen-troo sheh-deh-reh-ah meh-ah?*)

287. What's the check-out time?
     La ce oră este check-out-ul?
     (*Lah cheh oh-rah es-teh chek-owt-ool?*)

288. Is late check-out an option?
     Este posibil un check-out târziu?
     (*Es-teh poh-see-beel oon chek-owt târ-zee-oo?*)

289. Can I settle my bill in advance?
     Pot achita nota mea în avans?
     (*Pot ah-kee-tah noh-tah meh-ah oon ah-vans?*)

Booking Accommodations

290. I'd like to make a reservation.
     Aș dori să fac o rezervare.
     (*Ahsh doh-ree suh fahk oh reh-zer-vah-reh.*)

291. How much is the room rate per night?
Cât costă camera pe noapte?
(*Kaht koh-stuh kah-meh-rah peh nowp-teh?*)

292. Can I book online or by phone?
Pot rezerva online sau telefonic?
(*Pot reh-zer-vah on-line sow teh-leh-foh-neek?*)

293. Are there any special promotions?
Există promoții speciale?
(*Ex-ees-tuh pro-moh-tsyee speh-chah-leh?*)

294. Is breakfast included in the booking?
Este micul dejun inclus în rezervare?
(*Es-teh mee-kool deh-zhoon een-kloos oon reh-zer-vah-reh?*)

295. Can you confirm my reservation?
Puteți confirma rezervarea mea?
(*Poo-tehtz kohn-feer-mah reh-zer-vah-reh-ah meh-ah?*)

296. What's the cancellation policy?
Care este politica de anulare?
(*Kah-reh es-teh poh-lee-tee-kah deh ah-noo-lah-reh?*)

297. I'd like to modify my booking.
Aș dori să modific rezervarea mea.
(*Ahsh doh-ree suh moh-dee-feek reh-zer-vah-reh-ah meh-ah?*)

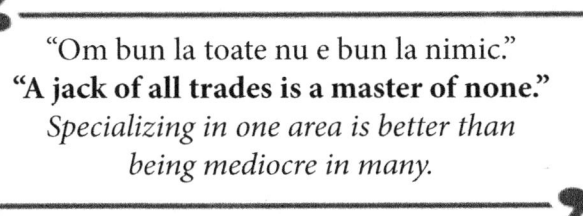

"Om bun la toate nu e bun la nimic."
"A jack of all trades is a master of none."
*Specializing in one area is better than
being mediocre in many.*

Mini Lesson:
Basic Grammar Principles in Romanian #1

Introduction:

Romanian, a Romance language spoken primarily in Romania and Moldova, is distinguished by its Latin roots mixed with Slavic influences. It's a language rich in history and culture, providing a unique linguistic perspective. This lesson will introduce you to the basic grammar principles of Romanian, laying the groundwork for those beginning their journey into this captivating language.

1. Nouns and Gender:

Romanian nouns are categorized into three genders: masculine, feminine, and neuter. Articles and adjectives agree in gender and number with the noun:

- *Un câine (a dog) - masculine*
- *O casă (a house) - feminine*
- *Un telefon (a telephone) - neuter*

2. Definite Articles:

In Romanian, the definite article is attached as a suffix to the noun:

- *Câinele (the dog)*
- *Casa (the house)*
- *Telefonul (the telephone)*

3. Personal Pronouns:

Romanian personal pronouns vary based on subject, object, and reflexive forms:

- *Eu (I)*
- *Tu (you - singular)*
- *El/Ea (he/she)*
- *Noi (we)*
- *Voi (you - plural)*
- *Ei/Ele (they - masculine/feminine)*

4. Verb Conjugation:

Romanian verbs are conjugated for person, number, and tense, with specific endings for each:

- *Eu sunt (I am)*
- *Tu ești (You are)*
- *El/Ea este (He/She is)*
- *Noi suntem (We are)*
- *Voi sunteți (You all are)*
- *Ei/Ele sunt (They are)*

5. Tenses:

Romanian verbs express various tenses, including present, past, future, and conditional:

- *Eu citesc (I read - present)*
- *Eu am citit (I read/I have read - past)*
- *Eu voi citi (I will read - future)*
- *Eu aș citi (I would read - conditional)*

6. Negation:

To negate a sentence in Romanian, "nu" is placed before the verb:

- *Eu nu înțeleg (I don't understand)*
- *Ei nu vorbesc românește (They don't speak Romanian)*

7. Questions:

Questions in Romanian are formed by changing the intonation or using question words like "cine" (who), "ce" (what), "unde" (where), "când" (when), and "cum" (how):

- *Vorbești românește? (Do you speak Romanian?)*
- *Unde este baia? (Where is the bathroom?)*

8. Plurals:

Plurals in Romanian are formed by changing the ending of nouns, often adding -i or -uri:

- *O carte (a book) -> Cărți (books)*
- *Un băiat (a boy) -> Băieți (boys)*

Conclusion:

Grasping these basic aspects of Romanian grammar is an essential step towards fluency. Regular practice, engagement with Romanian media, and conversation will solidify your understanding and enhance your language skills. Mult succes! (Good luck!)

SHOPPING

- BARGAINING AND HAGGLING -
- DESCRIBING ITEMS AND SIZES -
- MAKING PURCHASES AND PAYMENTS -

Bargaining

298. Can you give me a discount?
Îmi puteți face o reducere?
(*Eem poo-tehtz fah-cheh oh reh-doo-cheh-reh?*)

299. What's your best price?
Care este cel mai bun preț?
(*Kah-reh es-teh chel my boon pretz?*)

300. Is this the final price?
Este acesta prețul final?
(*Es-teh ah-ches-tah pretz-ool fee-nahl?*)

> **Idiomatic Expression:** "A face casa bună cu cineva." -
> Meaning: "To get along well with someone."
> (Literal translation: "To make a good house with
> someone.")

301. I'd like to negotiate the price.
Aș dori să negociez prețul.
(*Ahsh doh-ree suh neh-goh-chee-ez pretz-ool.*)

302. Can you do any better on the price?
Puteți oferi un preț mai bun?
(*Poo-tehtz oh-feh-ree oon pretz my boon?*)

303. Are there any promotions or deals?
Sunt promoții sau oferte?
(*Soont pro-moh-tsyee sow oh-fehr-teh?*)

304. What's the lowest you can go?
Care este cel mai mic preț pe care îl puteți oferi?
(*Kah-reh es-teh chel my meek pretz peh kah-reh eel poo-tehtz
oh-feh-ree?*)

305. I'm on a budget. Can you lower the price?
Am un buget limitat. Puteți scădea prețul?
(*Ahm oon boo-jet lee-mee-taht. Poo-tehtz skuh-deh-ah pretz-ool?*)

306. Do you offer any discounts for cash payments?
Oferiți reduceri pentru plăți în numerar?
(*Oh-feh-reets reh-doo-cheh-ree pen-troo pluh-ts oon noo-meh-rar?*)

307. Can you match the price from your competitor?
Puteți egala prețul concurenților dvs.?
(*Poo-tehtz eh-gah-lah pretz-ool kon-koo-ren-tsyoh-lor dvus?*)

Item Descriptions

308. Can you tell me about this product?
Îmi puteți spune despre acest produs?
(*Eem poo-tehtz spoo-neh dehs-preh ah-ches-t pro-doos?*)

309. What are the specifications of this item?
Care sunt specificațiile acestui articol?
(*Kah-reh soont speh-chee-fee-kah-tsyee-leh ah-ches-too-ee ar-tee-kohl?*)

310. Is this available in different colors?
Este disponibil în diferite culori?
(*Es-teh dees-poh-nee-beel oon dee-feh-ree-teh koo-loh-ree?*)

311. Can you explain how this works?
Puteți explica cum funcționează acesta?
(*Poo-tehtz eks-plee-kah koom foonk-tsyoh-neh-ah-zuh ah-ches-tah?*)

312. What's the material of this item?
Din ce material este făcut acest articol?
(*Deen cheh mah-teh-ree-ahl es-teh fuh-koot ah-ches-t ar-tee-kol?*)

313. Are there any warranties or guarantees?
Există garanții sau asigurări pentru acest produs?
(*Ex-ees-tuh gah-ran-tsyee sow ah-see-goo-rur-ree pen-troo ah-ches-t pro-doos?*)

314. Does it come with accessories?
Include accesorii?
(*Een-kloo-deh ahk-cheh-soh-ree-ee?*)

315. Can you show me how to use this?
Îmi puteți arăta cum se folosește asta?
(*Eem poo-tehtz ah-rah-tah koom seh foh-loh-shehs-teh ah-stah?*)

316. Are there any size options available?
Sunt disponibile diferite mărimi?
(*Soont dees-poh-nee-bee-leh dee-feh-ree-teh muh-ree-mee?*)

317. Can you describe the features of this product?
Puteți descrie funcțiile acestui produs?
(*Poo-tehtz dehs-kree-eh foonk-tsyee-leh ah-ches-too-ee pro-doos?*)

Payments

318. I'd like to pay with a credit card.
Aș dori să plătesc cu card de credit.
(*Ahsh doh-ree suh pluh-tesk koo kahrd deh creh-deet.*)

319. Do you accept debit cards?
Acceptați carduri de debit?
(*Ahk-sep-tahtz kahr-doo-ree deh deh-beet?*)

320. Can I pay in cash?
Pot plăti în numerar?
(*Pot pluh-tee oon noo-meh-rar?*)

> **Idiomatic Expression:** "A umbla cu cioara vopsită." -
> Meaning: "To deceive." (Literal translation: "To walk
> around with a painted crow.")

321. What's your preferred payment method?
Care este metoda dvs. preferată de plată?
(*Kah-reh es-teh meh-toh-dah dvus. preh-feh-rah-tuh deh
plah-tuh?*)

322. Is there an extra charge for using a card?
Există un cost suplimentar pentru folosirea unui card?
(*Ex-ees-tuh oon kohst soo-plee-mehn-tar pen-troo foh-loh-seeh-
reh-ah oon-oo-ee kahrd?*)

323. Can I split the payment into installments?
Pot împărți plata în rate?
(*Pot eem-pur-tz plah-tah oon rah-teh?*)

324. Do you offer online payment options?
Oferiți opțiuni de plată online?
(*Oh-feh-reets op-tsyoo-nee deh plah-tuh on-line?*)

325. Can I get a receipt for this purchase?
Pot primi o chitanță pentru această achiziție?
(*Pot pree-mee oh kee-tahn-tsuh pen-troo ah-chehs-tuh
ah-kee-zee-tsyeh?*)

326. Are there any additional fees?
Există taxe suplimentare?
(*Ex-ees-tuh tak-seh soo-plee-mehn-tah-reh?*)

327. Is there a minimum purchase amount for card payments?
Există o sumă minimă de cumpărături pentru plățile cu cardul?
(*Ex-ees-tuh oh soo-muh mee-nee-muh deh koom-puh-rah-too-ree pen-troo pluh-tzeel-eh koo kahr-dool?*)

> **Travel Story:** On a foggy morning in the Carpathian Mountains, a hiker said, "aici natura vorbește," meaning "here, nature speaks."

Asking for Recommendations

328. Can you recommend something popular?
Puteți recomanda ceva popular?
(*Poo-tehtz reh-koh-man-dah cheh-vah poh-poo-lahr?*)

329. What's your best-selling product?
Care este produsul dvs. cel mai bine vândut?
(*Kah-reh es-teh pro-doo-sool dvus chel my bee-neh vuhn-doot?*)

330. Do you have any customer favorites?
Aveți produse preferate de clienți?
(*Ah-veh-tz proh-doo-seh preh-feh-rah-teh deh klyehn-tz?*)

331. Is there a brand you would suggest?
Recomandați un anumit brand?
(*Reh-koh-man-dah-tz oon ah-noo-meet brand?*)

332. Could you point me to high-quality items?
Mă puteți îndruma către produse de înaltă calitate?
(*Muh poo-tehtz een-droo-mah kuh-treh proh-doo-seh deh een-ahl-tuh kah-lee-tah-teh?*)

333. What do most people choose in this category?
Ce aleg majoritatea în această categorie?
(*Cheh ah-lehg mah-joh-ree-tah-tah oon ah-ches-tuh ka-te-go-ree-eh?*)

334. Are there any special recommendations?
Aveți recomandări speciale?
(*Ah-veh-tz reh-koh-mahn-dur-ee speh-chah-leh?*)

335. Can you tell me what's trendy right now?
Îmi puteți spune ce este la modă acum?
(*Eem poo-tehtz spoo-neh cheh es-teh lah mo-dah ah-koom?*)

336. What's your personal favorite here?
Care este favoritul dvs. personal aici?
(*Kah-reh es-teh fah-voh-ree-tool dvus pehr-soh-nahl eye-chee?*)

337. Any suggestions for a gift?
Aveți sugestii pentru un cadou?
(*Ah-veh-tz soo-ges-tyee pen-troo oon kah-dow?*)

> **Language Learning Tip:** Organize Regular Learning Sessions - Consistency is key in language learning.

Returns and Exchanges

338.   I'd like to return this item.
        Aş dori să returnez acest articol.
        (*Ahsh doh-ree suh reh-tour-nehz ah-ches-t ar-tee-kol.*)

339.   Can I exchange this for a different size?
        Pot schimba acesta cu o altă mărime?
        (*Pot skeemb-ah ah-ches-tah koo oh ahl-tuh muh-ree-meh?*)

340.   What's your return policy?
        Care este politica dvs. de returnare?
        (*Kah-reh es-teh poh-lee-tee-kah dvus deh reh-too-nah-reh?*)

341.   Is there a time limit for returns?
        Există un termen limită pentru returnări?
        (*Ex-ees-tuh oon tehr-men lee-mee-tah pen-troo reh-too-nuh-ree?*)

342.   Do I need a receipt for a return?
        Am nevoie de chitanţă pentru a returna?
        (*Ahm neh-voy-eh deh kee-tahn-tsuh pen-troo ah reh-too-nah?*)

343.   Is there a restocking fee for returns?
        Există o taxă de reînnoire a stocului pentru returnări?
        (*Ex-ees-tuh oh tah-xuh deh reh-ee-noy-reh ah stoh-koo-loo-ee
        pen-troo reh-too-nuh-ree?*)

344.   Can I get a refund or store credit?
        Pot primi rambursare sau credit de magazin?
        (*Pot pree-mee rahm-boo-sah-reh sow kreh-deet deh
        mah-gah-zeen?*)

345. Do you offer exchanges without receipts?
Oferiți schimburi fără chitanță?
(*Oh-feh-reets skeemb-oo-ree fuh-ruh kee-tahn-tsuh?*)

346. What's the process for returning a defective item?
Care este procesul pentru returnarea unui articol defect?
(*Kah-reh es-teh pro-che-sool pen-troo reh-too-nah-reh-ah oo-noo-ee ar-tee-kol deh-fekt?*)

347. Can I return an online purchase in-store?
Pot returna o cumpărătură online în magazin?
(*Pot reh-too-nah oh koom-puh-rah-too-rah on-line oon mah-gah-zeen?*)

> **Travel Story:** At a historic house in Craiova, the guide said, "fiecare cameră are o poveste," meaning "every room has a story."

Shopping for Souvenirs

348. I'm looking for local souvenirs.
Caut suveniruri locale.
(*Kowt soo-veh-noo-roo-ree loh-kah-leh.*)

349. What's a popular souvenir from this place?
Care este un suvenir popular de aici?
(*Kah-reh es-teh oon soo-veh-neer poh-poo-lahr deh ah-eech?*)

350. Do you have any handmade souvenirs?
Aveți suveniruri lucrate manual?
(*Ah-veh-tz soo-veh-noo-roo-ree loo-krah-teh mah-noo-ahl?*)

351. Are there any traditional items here?
Există aici obiecte tradiționale?
(*Ex-ees-tuh ah-eech ob-yek-teh trah-dee-tsyoh-nah-leh?*)

352. Can you suggest a unique souvenir?
Puteți sugera un suvenir unic?
(*Poo-tehtz soo-geh-rah oon soo-veh-neer oo-neek?*)

353. I want something that represents this city.
Vreau ceva ce reprezintă acest oraş.
(*Vreh-ow cheh-vah cheh reh-preh-zeen-tuh ah-ches-t oh-rahsh.*)

354. Are there souvenirs for a specific landmark?
Există suveniruri pentru un punct de reper specific?
(*Ex-ees-tuh soo-veh-noo-roo-ree pen-troo oon poonkt deh reh-pehr speh-chee-feek?*)

355. Can you show me souvenirs with cultural significance?
Puteți arăta suveniruri cu semnificație culturală?
(*Poo-tehtz ah-rah-tah soo-veh-noo-roo-ree koo sehm-nee-fee-kah-tsyeh kool-too-rah-luh?*)

356. Do you offer personalized souvenirs?
Oferiți suveniruri personalizate?
(*Oh-feh-reets soo-veh-noo-roo-ree pehr-soh-nah-lee-zah-teh?*)

357. What's the price range for souvenirs?
Care este gama de prețuri pentru suveniruri?
(*Kah-reh es-teh gah-mah deh pretz-oo-ree pen-troo soo-veh-noo-roo-ree?*)

Cultural Insight: Romanian Folk Costumes - Traditional costumes vary by region and are a colorful display of Romania's cultural diversity.

Shopping Online

358. How do I place an order online?
Cum fac o comandă online?
(*Koom fahk oh koh-mahn-duh on-line?*)

359. What's the website for online shopping?
Care este site-ul pentru cumpărături online?
(*Kah-reh es-teh see-teh-ool pen-troo koom-puh-rah-too-ree on-line?*)

360. Do you offer free shipping?
Oferiți livrare gratuită?
(*Oh-feh-reets lee-vrah-reh grah-too-ee-tuh?*)

361. Are there any online discounts or promotions?
Există reduceri sau promoții online?
(*Ex-ees-tuh reh-doo-cheh-ree sow pro-moh-tsyee on-line?*)

362. Can I track my online order?
Pot urmări comanda mea online?
(*Pot oor-muh-ree koh-mahn-dah meh-ah on-line?*)

363. What's the return policy for online purchases?
Care este politica de returnare pentru cumpărături online?
(*Kah-reh es-teh poh-lee-tee-kah deh reh-too-nah-reh pen-troo koom-puh-rah-too-ree on-line?*)

364. Do you accept various payment methods online?
Acceptați diverse metode de plată online?
(*Ahk-sep-tahtz dee-ver-seh meh-toh-deh deh plah-tuh on-line?*)

365.   Is there a customer support hotline for online orders?
Există o linie de suport pentru clienți pentru comenzi online?
(Ex-ees-tuh oh lee-nee-eh deh soo-port pen-troo klyen-tz pen-troo koh-menz-dee on-line?)

> **Idiomatic Expression:** "A pune sare pe rană." -
> Meaning: "To aggravate a situation."
> (Literal translation: "To put salt on a wound.")

366.   Can I change or cancel my online order?
Pot modifica sau anula comanda mea online?
(Pot moh-dee-fee-kah sow ah-noo-lah koh-mahn-dah meh-ah on-line?)

367.   What's the delivery time for online purchases?
Care este timpul de livrare pentru cumpărături online?
(Kah-reh es-teh teem-pool deh leev-rah-reh pen-troo koom-puh-rah-too-ree on-line?)

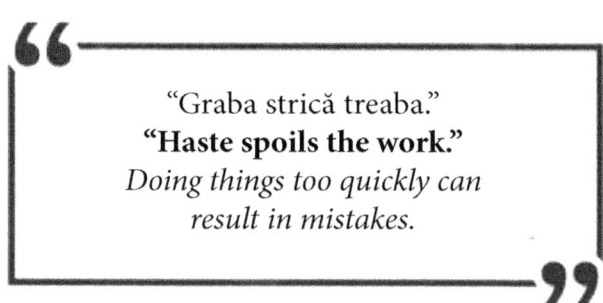

"Graba strică treaba."
"Haste spoils the work."
Doing things too quickly can result in mistakes.

Cross Word Puzzle: Shopping

(Provide the Romanian translation for the following English words)

Down

1. - CASHIER
6. - DISCOUNT
7. - RECEIPT
8. - SHOPPER
10. - PURCHASE
12. - BOUTIQUE

Across

2. - SALE
3. - WALLET
4. - CLOTHING
5. - STORE
8. - CUSTOMER
9. - PRICE
11. - CART
12. - BRAND
13. - COUNTER

Correct Answers:

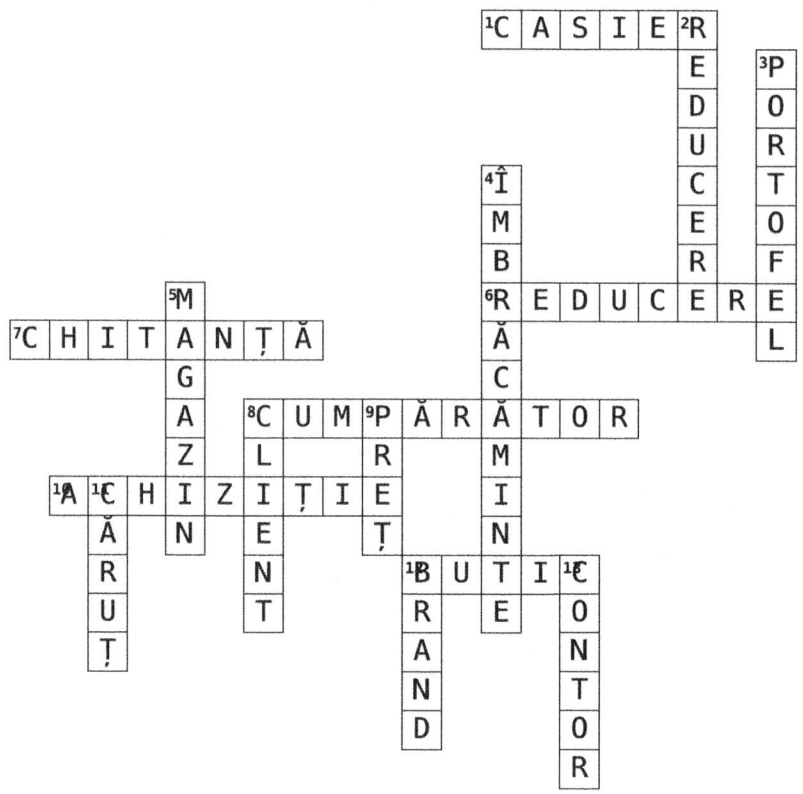

EMERGENCIES

- SEEKING HELP IN CASE OF AN EMERGENCY -
- REPORTING ACCIDENTS OR HEALTH ISSUES -
- CONTACTING AUTHORITIES OR MEDICAL SERVICES -

Getting Help in Emergencies

368.   Call an ambulance, please.
Sunați la ambulanță, vă rog.
(Soo-nah-tz lah ahm-boo-lan-tsuh, vuh rohg.)

> **Language Learning Tip:** Use Memory Palaces - This mnemonic technique can help in memorizing vocabularies.

369.   I need a doctor right away.
Am nevoie imediat de un doctor.
(Ahm neh-voy-eh ee-meh-dee-aht deh oon dok-tor.)

370.   Is there a hospital nearby?
Există un spital în apropiere?
(Ex-ees-tuh oon spee-tahl oon ah-pro-pee-eh-reh?)

371.   Help! I've lost my way.
Ajutor! Mi-am pierdut drumul.
(Ah-zhoo-tor! Mee-ahm pee-ehr-doot droo-mool.)

372.   Can you call the police?
Puteți suna la poliție?
(Poo-tehtz soo-nah lah poh-lee-tsyeh?)

373.   Someone, please call for help.
Cineva, vă rog, sunați după ajutor.
(Chee-neh-vah, vuh rohg, soo-nah-tz doo-pah ah-zhoo-tor.)

374.   My friend is hurt, we need assistance.
Prietenul meu este rănit, avem nevoie de ajutor.
(Pree-eh-teh-nool meh-oo es-teh ruh-neet, ah-vehm neh-voy-eh deh ah-zhoo-tor.)

375.   I've been robbed; I need the authorities.
        Am fost jefuit; am nevoie de autorități.
        (*Ahm fohst zhe-foo-eet; ahm neh-voy-eh deh ah-oo-toh-ree-tah-tz.*)

376.   Please, I need immediate assistance.
        Vă rog, am nevoie imediat de ajutor.
        (*Vuh rohg, ahm neh-voy-eh ee-meh-dee-aht deh ah-zhoo-tor.*)

377.   Is there a fire station nearby?
        Există o stație de pompieri în apropiere?
        (*Ex-ees-tuh oh stah-tsyeh deh pom-pee-eh-ree oon ah-pro-pee-eh-reh?*)

Reporting Incidents

378.   I've witnessed an accident.
        Am fost martor la un accident.
        (*Ahm fohst mar-tor lah oon ahk-chee-dent.*)

379.   There's been a car crash.
        A avut loc un accident de mașină.
        (*Ah ah-voot lohk oon ahk-chee-dent deh mah-shee-nuh.*)

380.   We need to report a fire.
        Trebuie să raportăm un incendiu.
        (*Treh-boo-ee-eh suh rah-por-tahm oon een-chen-dee-oo.*)

381.   Someone has stolen my wallet.
        Cineva mi-a furat portofelul.
        (*Chee-neh-vah mee-ah foo-rat por-toh-fel-ool.*)

382. I need to report a lost passport.
Trebuie să raportez un pașaport pierdut.
(*Treh-boo-ee-eh suh rah-por-tehz oon puh-shah-port pee-ehr-doot.*)

383. There's a suspicious person here.
Este o persoană suspectă aici.
(*Es-teh oh per-soah-nuh soos-pek-tuh ah-eech.*)

384. I've found a lost child.
Am găsit un copil pierdut.
(*Ahm guh-seet oon koh-peel pee-ehr-doot.*)

385. Can you help me report a missing person?
Mă puteți ajuta să raportez o persoană dispărută?
(*Muh poo-tehtz ah-zhoo-tah suh rah-por-tehz oh per-soah-nuh dees-puh-roo-tuh?*)

386. We've had a break-in at our home.
Am avut un spargere la casa noastră.
(*Ahm ah-voot oon spar-geh-reh lah kah-sah noah-struh.*)

387. I need to report a damaged vehicle.
Trebuie să raportez un vehicul avariat.
(*Treh-boo-ee-eh suh rah-por-tehz oon veh-ee-kool ah-vah-ree-aht.*)

Contacting Authorities

388. I'd like to speak to the police.
Aș dori să vorbesc cu poliția.
(*Ahsh doh-ree suh vor-besk koo poh-lee-tsyah.*)

389. I need to contact the embassy.
Trebuie să contactez ambasada.
(*Treh-boo-ee-eh suh kon-tahk-tehz ahm-bah-sah-dah.*)

390. Can you connect me to the fire department?
Mă puteți conecta la departamentul de pompieri?
(*Muh poo-tehtz koh-nek-tah lah deh-par-tah-men-tool deh pom-pee-eh-ree?*)

391. We need to reach animal control.
Trebuie să contactăm controlul animalelor.
(*Treh-boo-ee-eh suh kon-tahk-tahm kon-troh-ool ah-nee-mah-leh-lor.*)

392. How do I get in touch with the coast guard?
Cum iau legătura cu garda de coastă?
(*Koom ee-ow leh-guh-too-rah koo gahr-dah deh koah-stuh?*)

393. I'd like to report a noise complaint.
Aș dori să raportez o reclamație privind zgomotul.
(*Ahsh doh-ree suh rah-por-tehz oh reh-kla-ma-tsyeh pree-veend zgo-mo-tool.*)

394. I need to contact child protective services.
Trebuie să contactez serviciul de protecție a copiilor.
(*Treh-boo-ee-eh suh kon-tahk-tehz ser-vee-choo-ool deh proh-tek-tsyeh ah koh-pee-lor.*)

395. Is there a hotline for disaster relief?
Există o linie directă pentru ajutor în caz de catastrofă?
(*Ex-ees-tuh oh lee-nee-eh dee-rek-tuh pen-troo ah-zhoo-tor oon kahz deh kah-tah-stro-fuh?*)

> **Fun Fact:** Romania has one of the largest populations of brown bears in Europe.

396.　I want to report a hazardous situation.
Vreau să raportez o situație periculoasă.
(*Vreh-ow suh rah-por-tehz oh see-too-ah-tsyeh peh-ree-koo-loa-suh.*)

397.　I need to reach the environmental agency.
Trebuie să contactez agenția de mediu.
(*Treh-boo-ee-eh suh kon-tahk-tehz ah-jen-tsyah deh meh-dee-oo.*)

> **Travel Story:** At a vineyard in Dobrogea, the owner described his wine as "poezia pământului," or "the poetry of the earth."

Medical Emergencies

398.　I'm feeling very ill.
Mă simt foarte rău.
(*Muh seemt foh-ahr-teh rau.*)

399.　There's been an accident; we need a medic.
A fost un accident; avem nevoie de un medic.
(*Ah fohst oon ahk-chee-dent; ah-vehm neh-voy-eh deh oon meh-deek.*)

400.　Call 112; it's a medical emergency.
Sunați la 112; este o urgență medicală.
(*Soo-nah-tz lah oots-preh-ze-che; es-teh oh oor-jen-tsuh meh-dee-kah-luh.*)

> **Fun Fact:** Nadia Comăneci was the first gymnast to score a perfect 10 at the Olympics, in Montreal 1976.

401. We need an ambulance right away.
Avem nevoie imediat de o ambulanță.
(*Ah-vehm neh-voy-eh ee-meh-dee-aht deh oh ahm-boo-lan-tsuh.*)

402. I'm having trouble breathing.
Am probleme cu respirația.
(*Ahm proh-bleh-meh koo rehs-peer-ah-tsyah.*)

403. Someone has lost consciousness.
Cineva a leșinat.
(*Chee-neh-vah ah leh-shee-nat.*)

404. I think it's a heart attack; call for help.
Cred că este un atac de cord; sunați după ajutor.
(*Krehd kuh es-teh oon ah-tahk deh kord; soo-nah-tz doo-pah ah-zhoo-tor.*)

405. There's been a severe injury.
A fost o rană gravă.
(*Ah fohst oh rah-nuh grah-vuh.*)

406. I need immediate medical attention.
Am nevoie de asistență medicală imediată.
(*Ahm neh-voy-eh deh ah-sees-ten-tsuh meh-dee-kah-luh ee-meh-dee-ah-tuh.*)

407. Is there a first-aid station nearby?
Există o stație de prim ajutor în apropiere?
(*Ex-ees-tuh oh stah-tsyeh deh preem ah-zhoo-tor oon ah-pro-pee-eh-reh?*)

> **Idiomatic Expression:** "A râde cu gura până la urechi." - Meaning: "To smile broadly."
> (Literal translation: "To laugh with your mouth up to your ears.")

Fire and Safety

408. There's a fire; call 112!
E incendiu; sunați la 112!
(*Eh een-chen-dee-oo; soo-nah-tz lah oots-preh-ze-che!*)

409. We need to evacuate the building.
Trebuie să evacuăm clădirea.
(*Treh-boo-ee-eh suh eh-vah-koo-ahm kluh-dee-reh-ah.*)

410. Fire extinguisher, quick!
Stingător de incendiu, repede!
(*Steen-guh-tor deh een-chen-dee-oo, reh-peh-deh!*)

411. I smell gas; we need to leave.
Miros gaz; trebuie să plecăm.
(*Mee-rohs gaz; treh-boo-ee-eh suh pleh-chahm.*)

> **Fun Fact:** Bran Castle is often associated with Dracula's Castle, although the connection is largely a myth.

412. Can you contact the fire department?
Puteți contacta departamentul de pompieri?
(*Poo-tehtz kon-tahk-tah deh-pahr-tah-men-tool deh pom-pee-eh-ree?*)

413. There's a hazardous spill; we need help.
Este o scurgere periculoasă; avem nevoie de ajutor.
(*Es-teh oh skoor-geh-reh peh-ree-koo-loah-suh; ah-vehm neh-voy-eh deh ah-zhoo-tor.*)

414. Is there a fire escape route?
Există o cale de evacuare în caz de incendiu?
(*Ex-ees-tuh oh kah-leh deh eh-vah-koo-ah-reh oon kahz deh een-chen-dee-oo?*)

415. This area is not safe; we need to move.
Această zonă nu este sigură; trebuie să ne mutăm.
(Ah-ches-tuh zoh-nuh noo es-teh see-goo-ruh; treh-boo-ee-eh suh neh moo-tahm.)

416. Alert, there's a potential explosion.
Alertă, există risc de explozie.
(Ah-lehr-tuh, ex-ees-tuh reesk deh eks-ploh-zee-eh.)

417. I see smoke; we need assistance.
Văd fum; avem nevoie de ajutor.
(Vahd foom; ah-vehm neh-voy-eh deh ah-zhoo-tor.)

Natural Disasters

418. It's an earthquake; take cover!
Este un cutremur; adăpostiți-vă!
(Es-teh oon koot-reh-moor; ah-duh-posh-tees-tz-vuh!)

419. We're experiencing a tornado; find shelter.
Se apropie un tornadă; căutați adăpost.
(Seh ah-pro-pee-eh oon tor-nah-dah; kuh-tahtz ah-duh-posht.)

420. Flood warning; move to higher ground.
Avertizare de inundații; mutați-vă pe teren mai înalt.
(Ah-ver-tee-zah-reh deh ee-noon-dah-tsyee; moo-tah-tz-vuh peh teh-ren my een-ahlt.)

421. We need to prepare for a hurricane.
Trebuie să ne pregătim pentru un uragan.
(Treh-boo-ee-eh suh neh preh-guh-teem pen-troo oon oo-rah-gahn.)

422. This is a tsunami alert; head inland.
Acesta este un avertisment de tsunami; mergeți spre interiorul țării.
(Ah-ches-tah es-teh oon ah-vehr-tees-ment deh tsoo-nah-mee; mehr-gehtz sprehr een-teh-ree-o-rool tzuh-ree.)

> **Fun Fact:** Romania is one of the world's top 15 wine-producing countries.

423. It's a wildfire; evacuate immediately.
Este un incendiu de pădure; evacuați imediat.
(Es-teh oon een-chen-dee-oo deh puh-doo-reh; eh-vah-kwah-tz ee-meh-dee-aht.)

424. There's a volcanic eruption; take precautions.
Este o erupție vulcanică; luați măsuri de precauție.
(Es-teh oh eh-roop-tsyeh vool-kah-nee-kah; loo-ah-tz muh-soo-ree deh preh-kah-tsyeh.)

425. We've had an avalanche; help needed.
A avut loc o avalanşă; este nevoie de ajutor.
(Ah ah-voot lohk oh ah-vah-lahn-shuh; es-teh neh-voy-eh deh ah-zhoo-tor.)

426. Earthquake aftershock; stay indoors.
Replică de cutremur; rămâneți înăuntru.
(Reh-plee-kah deh koot-reh-moor; ruh-muhn-yets een-ow-n-troo.)

427. Severe thunderstorm; seek shelter.
Furtună puternică; căutați adăpost.
(Foor-too-nuh poo-tehr-nee-kah; kuh-tah-tz ah-duh-posht.)

> **Idiomatic Expression:** "A se băga în seamă." -
> Meaning: "To attract attention."
> (Literal translation: "To put oneself into the conversation.")

Emergency Services Information

428. What's the emergency hotline number?
      Care este numărul liniei de urgență?
      (Kah-reh es-teh noo-muh-rool lee-nyei deh oor-jen-tsuh?)

429. Where's the nearest police station?
      Unde este cea mai apropiată secție de poliție?
      (Oon-deh es-teh che-ah my ah-pro-pee-ah-tuh sehk-tsyeh deh poh-lee-tsyeh?)

430. How do I contact the fire department?
      Cum contactez departamentul de pompieri?
      (Koom kon-tahk-tehz deh-pahr-tah-men-tool deh pom-pee-eh-ree?)

431. Is there a hospital nearby?
      Există un spital în apropiere?
      (Ex-ees-tuh oon spee-tahl oon ah-pro-pee-eh-reh?)

432. What's the number for poison control?
      Care este numărul pentru controlul otrăvirilor?
      (Kah-reh es-teh noo-muh-rool pen-troo kon-troh-ool o-truh-vee-loor?)

433. Where can I find a disaster relief center?
      Unde pot găsi un centru de ajutor pentru dezastre?
      (Oon-deh pot guh-see oon chen-troo deh ah-zhoo-tor pen-troo deh-zah-streh?)

> **Fun Fact:** Corvin Castle is one of the largest castles in Europe, located in Hunedoara.

434. What's the local emergency radio station?
Care este stația de radio locală pentru urgențe?
(Kah-reh es-teh stah-tsyah deh rah-dee-oh loh-kah-luh pen-troo oor-jen-tseh?)

435. Are there any shelters in the area?
Există adăposturi în această zonă?
(Ex-ees-tuh ah-duh-posh-too-ree oon ah-ches-tuh zoh-nuh?)

436. Who do I call for road assistance?
Pe cine sun pentru asistență rutieră?
(Peh chee-neh soon pen-troo ah-sees-ten-tsah roo-tee-eh-rah?)

437. How can I reach search and rescue teams?
Cum pot contacta echipele de căutare și salvare?
(Koom poh-t kon-tahk-tah eh-keep-eh-leh deh kow-tah-reh shee sahl-vah-reh?)

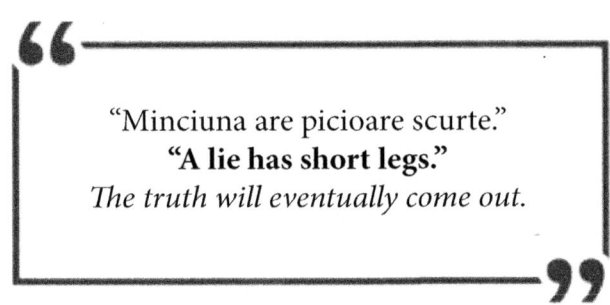

"Minciuna are picioare scurte."
"A lie has short legs."
The truth will eventually come out.

Interactive Challenge: Emergencies Quiz

1. **How do you say "emergency" in Romanian?**

    a) Măr
    b) Urgenţă
    c) Brânză
    d) Plajă

2. **What's the Romanian word for "ambulance"?**

    a) Maşină
    b) Bicicletă
    c) Ambulanţă
    d) Şcoală

3. **If you need immediate medical attention, what should you say in Romanian?**

    a) Aş dori pâine.
    b) Unde este staţia?
    c) Am nevoie de ajutor medical imediat.

4. **How do you ask "Is there a hospital nearby?" in Romanian?**

    a) Unde este cinematograful?
    b) Ai un stilou?
    c) Există un spital în apropiere?

5. **What's the Romanian word for "police"?**

    a) Măr
    b) Poliţie
    c) Tren

6. **How do you say "fire" in Romanian?**

   a) Soare
   b) Câine
   c) Incendiu
   d) Carte

7. **If you've witnessed an accident, what phrase can you use in Romanian?**

   a) Aş dori ciocolată.
   b) Am văzut un accident.
   c) Îmi plac florile.
   d) Aceasta este casa mea.

8. **What's the Romanian word for "help"?**

   a) La revedere
   b) Bună ziua
   c) Mulţumesc
   d) Ajutor!

9. **How would you say "I've been robbed; I need the authorities" in Romanian?**

   a) Am mâncat brânză.
   b) Am fost jefuit; am nevoie de autorităţi.
   c) Acesta este un munte frumos.

10. **How do you ask "Can you call an ambulance, please?" in Romanian?**

   a) Puteţi să chemaţi un taxi, vă rog?
   b) Îmi poţi da sarea?
   c) Puteţi să chemaţi o ambulanţă, vă rog?

11. What's the Romanian word for "emergency services"?

a) Servicii de urgenţă
b) Tort delicios
c) Uşor

12. How do you say "reporting an accident" in Romanian?

a) Cântând un cântec
b) Citind o carte
c) Raportând un accident

13. If you need to contact the fire department, what should you say in Romanian?

a) Cum ajung la bibliotecă?
b) Trebuie să contactez pompierii.
c) Îl caut pe prietenul meu.

14. What's the Romanian word for "urgent"?

a) Mic
b) Frumos
c) Rapid
d) Urgent

15. How do you ask for the nearest police station in Romanian?

a) Unde este cea mai apropiată brutărie?
b) Unde este cea mai apropiată secţie de poliţie?
c) Ai o hartă?
d) Cât este ceasul?

Correct Answers:

1. b)
2. c)
3. c)
4. c)
5. b)
6. c)
7. b)
8. d)
9. b)
10. c)
11. a)
12. c)
13. b)
14. d)
15. b)

EVERYDAY CONVERSATIONS

- SMALL TALK AND CASUAL CONVERSATIONS -
- DISCUSSING THE WEATHER, HOBBIES, AND INTERESTS -
- MAKING PLANS WITH FRIENDS OR ACQUAINTANCES -

Small Talk

438. How's it going?
    Ce faci?
    (Cheh fahch?)

439. Nice weather we're having, isn't it?
    Vreme frumoasă avem, nu-i așa?
    (Vreh-meh froo-moh-ah-suh ah-vehm, noo-ee ah-shah?)

440. Have any exciting plans for the weekend?
    Ai planuri interesante pentru weekend?
    (Eye plah-noo-ree in-teh-reh-sahn-teh pen-troo veh-ke-end?)

441. Did you catch that new movie?
    Ai văzut noul film?
    (Eye vuh-zoot nowl feelm?)

442. How's your day been so far?
    Cum a fost ziua ta până acum?
    (Koom ah fohst zee-wah tah puh-nuh ah-koom?)

443. What do you do for work?
    Cu ce te ocupi la serviciu?
    (Koo cheh teh oh-koo-pee lah sehr-vee-choo?)

444. Do you come here often?
    Vii des aici?
    (Vee des ah-eech?)

445. Have you tried the food at this place before?
    Ai încercat mâncarea de aici înainte?
    (Eye een-cher-kaht muhn-kah-reah deh ah-eech ee-nighn-teh?)

446. Any recommendations for things to do in town?
Ai recomandări pentru lucruri de făcut în oraș?
(*Eye reh-koh-mahn-duh-ree pen-troo loo-koo-roo-ree deh fuh-koot oon oh-rahsh?*)

447. Do you follow any sports teams?
Urmezi vreo echipă sportivă?
(*Oor-mehz vreh-oh eh-kee-pah spohr-tee-vuh?*)

448. Have you traveled anywhere interesting lately?
Ai călătorit recent în vreun loc interesant?
(*Eye kuh-luh-toh-reet reh-chent oon vreh-oon lohk in-teh-reh-sahnt?*)

449. Do you enjoy cooking?
Îți place să gătești?
(*Eets plah-cheh suh guh-teh-sht?*)

> **Travel Story:** At a folklore museum in Hunedoara, a guide described the exhibits as "oglindirea trecutului," or "reflections of the past."

Casual Conversations

450. What's your favorite type of music?
Ce gen de muzică preferi?
(*Cheh jehn deh moo-zee-kuh preh-feh-ree?*)

> **Fun Fact:** Ciorbă is a type of sour soup that is popular in Romanian cuisine.

451.   How do you like to spend your free time?
Cum îți place să-ți petreci timpul liber?
(*Koom eets plah-cheh suh-eets peh-trehch teem-pool lee-ber?*)

452.   Do you have any pets?
Ai animale de companie?
(*Eye ah-nee-mah-leh deh kom-pah-nee-eh?*)

453.   Where did you grow up?
Unde ai crescut?
(*Oon-deh eye kreh-skoot?*)

454.   What's your family like?
Cum este familia ta?
(*Koom es-teh fah-mee-lee-ah tah?*)

455.   Are you a morning person or a night owl?
Ești o persoană matinală sau nocturnă?
(*Ehsht o per-soah-nuh mah-tee-nah-luh sow nok-toor-nuh?*)

456.   Do you prefer coffee or tea?
Preferi cafea sau ceai?
(*Preh-feh-ree kah-feh-ah sow che-eye?*)

457.   Are you into any TV shows right now?
Urmărești vreun serial TV în prezent?
(*Oor-muh-reh-sht vreh-oon seh-ree-al teh-veh oon preh-zeht?*)

> **Idiomatic Expression:** "A trage pe sfoară." -
> Meaning: "To lead someone on."
> (Literal translation: "To pull on the string.")

458. What's the last book you read?
Care este ultima carte pe care ai citit-o?
(*Kah-reh es-teh ool-tee-mah kar-teh peh kah-reh eye chee-teet-oh?*)

459. Do you like to travel?
Îți place să călătorești?
(*Eets plah-cheh suh kuh-luh-toh-resht?*)

460. Are you a fan of outdoor activities?
Îți plac activitățile în aer liber?
(*Eets plahk ak-tee-vee-tah-tseeh-leh oon aer lee-ber?*)

461. How do you unwind after a long day?
Cum te relaxezi după o zi lungă?
(*Koom teh reh-lahk-sez doo-pah oh zee loong-uh?*)

> **Fun Fact:** Ceaușima was a term coined to describe the massive demolition and reconstruction of Bucharest under Nicolae Ceaușescu.

Discussing the Weather

462. Can you believe this heat/cold?
Poți să crezi căldura/frigul ăsta?
(*Poh-tz suh krehz kuhl-doo-rah/free-gool us-tah?*)

463. I heard it's going to rain all week.
Am auzit că va ploua toată săptămâna.
(*Ahm ah-oo-zeet kuh vah plow-ah toah-tuh suhp-tuh-muh-nah.*)

464. What's the temperature like today?
Cum e temperatura azi?
(*Koom eh teh-em-peh-rah-too-rah ah-zee?*)

465. Do you like sunny or cloudy days better?
Preferi zilele însorite sau cele noroase?
(*Preh-feh-ree zee-leh in-soh-ree-teh sow cheh-leh noh-roh-ah-seh?*)

466. Have you ever seen a snowstorm like this?
Ai văzut vreodată o furtună de zăpadă ca aceasta?
(*Eye vuh-zoot vreh-oh-dah-tuh oh foor-too-nuh deh zah-pah-duh kah ah-che-as-tah?*)

467. Is it always this humid here?
E întotdeauna așa de umed aici?
(*Eh in-toh-deh-ow-nah ah-shah deh oo-med eye-chee?*)

468. Did you get caught in that thunderstorm yesterday?
Ai fost prins în furtuna de ieri?
(*Eye fohst preens oon foor-too-nah deh yeh-reh?*)

469. What's the weather like in your hometown?
Cum e vremea în orașul tău natal?
(*Koom eh vreh-meh-ah oon oh-rah-shool tah-oo nah-tahl?*)

470. I can't stand the wind; how about you?
Nu suport vântul; tu ce părere ai?
(*Noo soo-pohrt vuhn-tool; too cheh puh-reh-reh eye?*)

471. Is it true the winters here are mild?
Este adevărat că iernile aici sunt blânde?
(*Es-teh ah-deh-vuh-raht kuh yehr-nee-leh eye-chee soont blun-deh?*)

472. Do you like beach weather?
Îți place vremea de plajă?
(*Eets plah-cheh vreh-meh-ah deh plah-zhuh?*)

473. How do you cope with the humidity in summer?
Cum te descurci cu umiditatea în timpul verii?
(*Koom teh des-koor-chee koo oo-mee-dah-tee-ah oon teem-pool veh-ree?*)

> **Idiomatic Expression:** "A fi gata de drum." -
> Meaning: "To be ready to leave."
> (Literal translation: "To be ready for the road.")

Hobbies

474. What are your hobbies or interests?
Care sunt hobby-urile sau interesele tale?
(*Kah-reh soont hob-bee-oo-ruh-leh sow in-teh-reh-seh-leh tah-leh?*)

475. Do you play any musical instruments?
Cânți la vreun instrument muzical?
(*Kuhn-tz lah vreh-oon in-stru-ment moo-zi-kahl?*)

476. Have you ever tried painting or drawing?
Ai încercat vreodată pictura sau desenul?
(*Eye in-chehr-kaht vreh-oh-dah-tuh peek-too-rah sow deh-seh-nool?*)

477. Are you a fan of sports?
Ești pasionat de sport?
(*Ehsht pas-yo-naht deh sport?*)

478. Do you enjoy cooking or baking?
Îți place să gătești sau să coci?
(*Eets plah-cheh suh guh-tehsht sow suh choch?*)

479. Are you into photography?
Ești pasionat de fotografie?
(*Ehsht pas-yo-naht deh foh-toh-grah-fee-eh?*)

480. Have you ever tried gardening?
Ai încercat vreodată grădinăritul?
(*Eye in-chehr-kaht vreh-oh-dah-tuh gruh-dee-nah-ree-tool?*)

481. Do you like to read in your free time?
Îți place să citești în timpul liber?
(*Eets plah-cheh suh chee-tesht oon teem-pool lee-ber?*)

482. Have you explored any new hobbies lately?
Ai explorat vreun hobby nou în ultima vreme?
(*Eye eks-ploh-raht vreh-oon hob-bee noh-oo oon ool-tee-mah vreh-meh?*)

483. Are you a collector of anything?
Ești colecționar de ceva?
(*Ehsht kolek-tsyoh-nar deh che-vah?*)

484. Do you like to watch movies or TV shows?
Îți place să urmărești filme sau seriale?
(*Eets plah-cheh suh oor-muh-resht feel-meh sow seh-ree-ah-leh?*)

485. Have you ever taken up a craft project?
Ai început vreodată un proiect de meșteșug?
(*Eye in-cheh-poot vreh-oh-dah-tuh oon pro-yeckt deh mes-teh-shoog?*)

> **Idiomatic Expression:** "A face ca șarpele." -
> Meaning: "To avoid responsibility."
> (Literal translation: "To act like a snake.")

Interests

486. What topics are you passionate about?
Ce subiecte te pasionează?
(Cheh soo-bee-ek-teh teh pah-see-oh-neh-zuh?)

487. Are you involved in any social causes?
Ești implicat în vreo cauză socială?
(Ehsht im-plee-kaht oon vreh-oh kow-zuh soh-chah-luh?)

488. Do you enjoy learning new languages?
Îți place să înveți limbi noi?
(Eets plah-cheh suh oon-vets leem-bee noy?)

> **Fun Fact:** Romanian New Wave Cinema is a genre
> known for its realistic and often critical portrayal of
> contemporary Romanian life.

489. Are you into fitness or wellness?
Te interesează fitnessul sau bunăstarea?
(Teh in-teh-reh-seh-zuh fit-nes-ool sow boo-nuh-stah-reh-ah?)

490. Are you a technology enthusiast?
Ești un pasionat de tehnologie?
(Ehsht oon pah-see-oh-naht deh teh-noh-loh-zhee-eh?)

491. What's your favorite genre of books or movies?
Care este genul tău preferat de cărți sau filme?
*(Kah-reh es-teh zheh-nool tah-oo preh-feh-raht deh kuh-rts
sow feel-meh?)*

492. Do you follow current events or politics?
Urmezi evenimentele actuale sau politica?
*(Oor-mehz eh-veh-nee-men-teh-leh ak-too-ah-leh sow
poh-lee-tee-kah?)*

493. Are you into fashion or design?
Ești pasionat de modă sau design?
(*Ehsht pah-syo-nat deh mo-dah sow deh-zine?*)

494. Are you a history buff?
Ești pasionat de istorie?
(*Ehsht pah-syo-nat deh is-toh-ree-eh?*)

495. Have you ever been involved in volunteer work?
Ai fost vreodată implicat în muncă voluntară?
(*Eye fohst vreh-oh-dah-tah im-plee-kaht oon moon-kah vo-lun-tah-rah?*)

496. Are you passionate about cooking or food culture?
Ești pasionat de gătit sau de cultura culinară?
(*Ehsht pah-syo-nat deh gah-teet sow deh kool-too-rah koo-lee-nah-rah?*)

497. Are you an advocate for any specific hobbies or interests?
Susții vreun hobby sau interes anume?
(*Soo-steen vreh-oon hob-bee sow in-teh-res ah-noo-meh?*)

> **Idiomatic Expression:** "A se face harcea-parcea." -
> Meaning: "To be torn apart."
> (Literal translation: "To become a complete mess.")

Making Plans

498. Would you like to grab a coffee sometime?
Ai vrea să bem o cafea cândva?
(*Eye vre-ah suh behm oh kah-feh-ah kuhnd-vah?*)

499. Let's plan a dinner outing this weekend.
Să planificăm o cină în oraș weekendul acesta.
(Suh pla-nee-fee-kahm oh chee-nah oon oh-rahsh veh-keen-dool ah-ches-tah.)

500. How about going to a movie on Friday night?
Ce zici de un film vineri seara?
(Cheh zeech deh oon feelm vee-neh-ree seh-ah-rah?)

501. Do you want to join us for a hike next weekend?
Vrei să vii cu noi la o drumeție weekendul viitor?
(Vreh-ee suh vee koo noy lah oh droo-meh-tsyeh veh-keen-dool vee-ee-tohr?)

502. We should organize a game night soon.
Ar trebui să organizăm o seară de jocuri în curând.
(Ahr treh-boo-ee suh or-gah-nee-zahm oh seh-ah-rah deh yo-koo-ree oon koo-rund.)

503. Let's catch up over lunch next week.
Să ne revedem la prânz săptămâna viitoare.
(Suh neh reh-veh-dem lah pruhnz suhp-tuh-muh-nah vee-ee-toh-ah-reh.)

504. Would you be interested in a shopping trip?
Te-ar interesa o excursie de cumpărături?
(Teh-ahr in-teh-reh-sah oh eks-koo-ree-eh deh koom-puh-rah-too-ree?)

505. I'm thinking of visiting the museum; care to join?
Mă gândesc să vizitez muzeul; ai vrea să vii?
(Muh guhn-desk suh vee-zee-ets moo-zeh-ool; eye vre-ah suh vee?)

506. How about a picnic in the park?
Ce zici de un picnic în parc?
(Cheh zeech deh oon pee-neek oon pahrk?)

> **Fun Fact:** Simona Halep is a Famous Romanian professional tennis player.

507. Let's get together for a study session.
Să ne întâlnim pentru o sesiune de studiu.
(Suh neh oon-tuhl-neem pehn-too oh seh-see-oo-neh deh stoo-dee-oo.)

508. We should plan a beach day this summer.
Ar trebui să planificăm o zi pe plajă vara asta.
(Ahr treh-boo-ee suh pla-nee-fee-kahm oh zee peh plah-zhuh vah-rah ah-stah.)

509. Want to come over for a barbecue at my place?
Vrei să vii la un grătar la mine?
(Vreh-ee suh vee lah oon gruh-tahr lah mee-neh?)

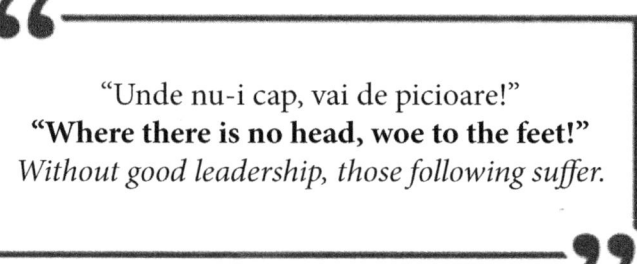

"Unde nu-i cap, vai de picioare!"
"Where there is no head, woe to the feet!"
Without good leadership, those following suffer.

Interactive Challenge: Everyday Conversations
(Link each English word with their corresponding meaning in Romanian)

1) Conversation	Conversație
2) Greeting	Schimb de opinii
3) Question	Răspuns
4) Answer	Discurs
5) Salutation	Salut
6) Communication	Întrebare
7) Dialogue	Discuție informală
8) Small Talk	Dialog
9) Discussion	Comunicare
10) Speech	Salutare
11) Language	Discuție
12) Exchange of Opinions	Limbă
13) Expression	Expresie
14) Casual Conversation	Conversație casuală
15) Sharing Ideas	Împărtășirea ideilor

Correct Answers:

1. Conversation - Conversație
2. Greeting - Salut
3. Question - Întrebare
4. Answer - Răspuns
5. Salutation - Salutare
6. Communication - Comunicare
7. Dialogue - Dialog
8. Small Talk - Discuție informală
9. Discussion - Discuție
10. Speech - Discurs
11. Language - Limbă
12. Exchange of Opinions - Schimb de opinii
13. Expression - Expresie
14. Casual Conversation - Conversație casuală
15. Sharing Ideas - Împărtășirea ideilor

BUSINESS & WORK

- INTRODUCING YOURSELF IN A PROFESSIONAL SETTING -
- DISCUSSING WORK-RELATED TOPICS -
- NEGOTIATING BUSINESS DEALS OR CONTRACTS -

Professional Introductions

510. Hi, I'm [Your Name].
Bună, sunt [Numele Tău].
(Boo-nah, soont [Noo-meh-leh Tă-oo].)

511. What do you do for a living?
Cu ce te ocupi?
(Koo cheh teh oh-koo-pee?)

512. What's your role in the company?
Care este rolul tău în companie?
(Kah-reh es-teh roh-lool tă-oo oon kom-pah-nee-eh?)

513. Can you tell me about your background?
Poți să îmi spui despre experiența ta?
(Poh-ts săh oom spee-oo-ee des-preh eks-peh-ree-en-tsah tah?)

514. This is my colleague, [Colleague's Name].
Acesta este colegul meu, [Numele Colegului].
(Ah-ches-tah es-teh ko-leh-gool meh-oo, [Noo-meh-leh Ko-leh-goo-loo-ee].)

515. May I introduce myself?
Pot să mă prezint?
(Poh-t săh mah preh-zint?)

516. I work in [Your Department].
Lucrez în [Departamentul Tău].
(Loo-krehz oon [Deh-par-tah-men-tool Tă-oo].)

517. How long have you been with the company?
De cât timp ești în companie?
(Deh kuh-t teemp esh-tee oon kom-pah-nee-eh?)

518. Are you familiar with our team?
Eşti familiarizat cu echipa noastră?
(*Esh-tee fah-mee-lee-ah-ree-zaht koo eh-kee-pah noah-struh?*)

519. Let me introduce you to our manager.
Permite-mi să te prezint managerului nostru.
(*Per-mee-teh-mee săh teh preh-zeent mah-nah-geh-roo-loo-ee noah-stroo.*)

> **Travel Story:** A street performer in Braşov said his music was "cântecul munţilor," or "the song of the mountains."

Work Conversations

520. Can we discuss the project?
Putem discuta proiectul?
(*Poo-tem dis-koo-tah pro-yek-tool?*)

521. Let's go over the details.
Să trecem peste detaliile.
(*Suh treh-chem pehs-teh deh-tah-lee-eh-leh.*)

522. What's the agenda for the meeting?
Care este ordinea de zi a întâlnirii?
(*Kah-reh es-teh or-dee-neh deh zee ah oon-tuhl-neer-ee?*)

523. I'd like your input on this.
Aş dori părerea ta despre asta.
(*Ahsh doh-ree puh-reh-ah tah des-preh ah-stah.*)

524. We need to address this issue.
Trebuie să abordăm această problemă.
(Tre-boo-yeh să ah-bor-dahm ah-che-as-tuh pro-ble-mah.)

525. How's the project progressing?
Cum avansează proiectul?
(Koom ah-van-say-ah-zah pro-yek-tool?)

526. Do you have any updates for me?
Ai vreo actualizare pentru mine?
(Eye vreh-oh ahk-too-ah-lee-zah-reh pen-troo mee-neh?)

527. Let's brainstorm some ideas.
Să facem brainstorming pentru niște idei.
(Suh fah-chem brain-stor-ming pen-troo neesh-teh ee-day.)

528. Can we schedule a team meeting?
Putem programa o întâlnire de echipă?
(Poo-tem pro-grah-mah oh oon-tuhl-neer-eh deh eh-kee-pah?)

529. I'm open to suggestions.
Sunt deschis la sugestii.
(Soont desh-kees lah soo-ges-tee-e.)

Business Negotiations

530. We need to negotiate the terms.
Trebuie să negociem termenii.
(Tre-boo-yeh să neh-go-chee-em ter-meh-nee.)

531. What's your offer?
Care este oferta ta?
(*Kah-reh es-teh oh-fehr-tah tah?*)

532. Can we find a middle ground?
Putem găsi un teren comun?
(*Poo-tem guh-see oon teh-ren koh-moon?*)

> **Idiomatic Expression:** "A fi la cuțite cu cineva." -
> Meaning: "To be at odds with someone."
> (Literal translation: "To be at knives with someone.")

533. Let's discuss the contract.
Să discutăm contractul.
(*Suh dis-koo-tahm kon-trahk-tool.*)

534. Are you flexible on the price?
Ești flexibil la preț?
(*Esh-tee flek-see-beel lah pret?*)

535. I'd like to propose a deal.
Aș dori să propun o afacere.
(*Ahsh doh-ree să pro-poon oh ah-fah-cheh-reh.*)

536. We're interested in your terms.
Suntem interesați de condițiile tale.
(*Soon-tem in-teh-re-sah-tsee deh kon-dee-tsee-eh-leh tah-leh.*)

537. Can we talk about the agreement?
Putem vorbi despre acord?
(*Poo-tem vor-bee des-preh ah-kord?*)

> **Fun Fact:** The Sphinx of Bucegi is a natural rock
> formation in the Bucegi Mountains resembling a human
> face.

538. Let's work out the details.
Să lucrăm la detaliile.
(*Suh loo-kruhm lah deh-tah-lee-eh-leh.*)

539. What are your conditions?
Care sunt condițiile tale?
(*Kah-reh soont kon-dee-tsee-eh-leh tah-leh?*)

540. We should reach a compromise.
Ar trebui să ajungem la un compromis.
(*Ar tre-boo-ee să ah-joon-jem lah oon kom-pro-meess.*)

> **Fun Fact:** The Painted Monasteries - Located in northern Moldova, famous for their exterior frescoes.

Workplace Etiquette

541. Remember to be punctual.
Nu uita să fii punctual.
(*Noo oo-ee-tah să fee poonk-choo-al.*)

542. Always maintain a professional demeanor.
Menține întotdeauna o atitudine profesională.
(*Men-tzee-neh oon-tot-deh-ow-nah oh ah-tee-too-dee-neh pro-fess-ee-oh-nah-lah.*)

543. Respect your colleagues' personal space.
Respectă spațiul personal al colegilor tăi.
(*Reh-spek-tah spah-tsee-ool pehr-so-nal ahl ko-leh-jee-lor tay.*)

> **Fun Fact:** The Village Museum in Bucharest is the second largest outdoor museum.

544. Dress appropriately for the office.
Îmbracă-te corespunzător pentru birou.
(*Oom-brah-kah-teh koh-reh-spoon-zah-tor pen-troo bee-row.*)

545. Follow company policies and guidelines.
Respectă politicile și liniile directoare ale companiei.
(*Reh-spek-tah poh-lee-tee-keh shi lee-nee-leh deer-ek-toh-ah-reh ah-leh kom-pah-nee-eh.*)

546. Use respectful language in conversations.
Folosește un limbaj respectuos în conversații.
(*Foh-loh-sesh-teh oon leem-bahj reh-spek-too-osh oon kon-ver-sah-tsee-ee.*)

547. Keep your workspace organized.
Păstrează spațiul tău de lucru organizat.
(*Pah-streh-zah spah-tsee-ool taw deh loo-kroo or-gah-nee-zat.*)

548. Be mindful of office noise levels.
Fii conștient de nivelul de zgomot din birou.
(*Fee kohn-shtee-ent deh nee-veh-ool deh zgo-moht deen bee-row.*)

549. Offer assistance when needed.
Oferă ajutor atunci când este necesar.
(*Oh-feh-rah ah-zhoo-tor ah-toon-chee kuhnd es-teh neh-ches-sahr.*)

550. Practice good hygiene at work.
Practică o igienă bună la muncă.
(*Prahk-tee-kah oh ee-jee-eh-nah boo-nah lah moon-kah.*)

551. Avoid office gossip and rumors.
Evită bârfele și zvonurile de birou.
(*Eh-vee-tah bur-feh-leh shi zvo-noo-roo-leh deh bee-row.*)

Job Interviews

552. Tell me about yourself.
      Spune-mi despre tine.
      (Spoo-neh-mee dehs-preh tee-neh.)

553. What are your strengths and weaknesses?
      Care sunt punctele tale forte și slăbiciuni?
      (Kah-reh soont poonk-teh-leh tah-leh for-teh shi sluh-bee-choo-nee?)

554. Describe your relevant experience.
      Descrie experiența ta relevantă.
      (Deh-skree-eh eks-peh-ree-en-tsah tah reh-leh-vahn-tah.)

555. Why do you want to work here?
      De ce vrei să lucrezi aici?
      (Deh cheh vreh să loo-krehz ah-eech?)

556. Where do you see yourself in five years?
      Unde te vezi peste cinci ani?
      (Oon-deh teh vehz pehs-teh cheench ahn?)

557. How do you handle challenges at work?
      Cum faci față provocărilor la locul de muncă?
      (Koom fahch fah-tsah pro-voh-kah-reelor lah loh-cool deh moon-kah?)

558. What interests you about this position?
      Ce te interesează despre această poziție?
      (Cheh teh in-teh-re-seah-zah dehs-preh ah-cheah-stah poh-zee-tsee-eh?)

559. Can you provide an example of your teamwork?
Poți oferi un exemplu de munca în echipă?
(*Poh-tsi oh-feh-ree oon eks-em-ploo deh moon-kah oon eh-keeah-pah?*)

560. What motivates you in your career?
Ce te motivează în cariera ta?
(*Cheh teh mo-tee-vah-zah oon kah-ree-eh-rah tah?*)

561. Do you have any questions for us?
Ai întrebări pentru noi?
(*Eye oon-treh-bah-ree pen-troo noy?*)

562. Thank you for considering me for the role.
Vă mulțumesc pentru că m-ați luat în considerare pentru acest rol.
(*Vuh mool-tsoo-mesk pen-troo kuh mah-tsi loo-at oon kon-see-deh-rah-reh pen-troo ah-chesht rohl.*)

Office Communication

563. Send me an email about it.
Trimite-mi un email despre asta.
(*Tree-mee-teh-mee oon eh-mail dehs-preh ah-stah.*)

564. Let's schedule a conference call.
Hai să programăm o conferință telefonică.
(*High să pro-grah-mahm oh kon-feh-reen-tsah teh-le-foh-nee-kah.*)

565. Could you clarify your message?
Poți clarifica mesajul tău?
(*Poh-tsi klar-ee-fee-kah meh-sah-jool tă-oo?*)

566. I'll forward the document to you.
Îți voi trimite documentul.
(Eeț voi tree-mee-teh doh-koo-men-tool.)

567. Please reply to this message.
Te rog să răspunzi la acest mesaj.
(Teh rohg să răs-poonz lah ah-chesht meh-sahj.)

568. We should have a team meeting.
Ar trebui să avem o întâlnire de echipă.
(Arr treh-boo-ee să ah-vehm oh een-tâl-neer-eh deh eh-kep-ah.)

> **Idiomatic Expression:** "A da de dracu." -
> Meaning: "To be in a really bad situation."
> (Literal translation: "To meet the devil.")

569. Check your inbox for updates.
Verifică-ți căsuța de intrare pentru actualizări.
(Veh-ree-fee-kah-țee că-sooțah deh een-trah-reh pen-troo ahk-too-ah-lee-zah-ree.)

570. I'll copy you on the correspondence.
Te voi include în corespondență.
(Teh voi een-kloo-deh în koh-res-pon-dență.)

571. I'll send you the meeting agenda.
Îți voi trimite agenda întâlnirii.
(Eeț voi tree-mee-teh ah-gen-dah een-tâl-neer-ee.)

572. Use the internal messaging system.
Folosește sistemul de mesagerie internă.
(Foh-loh-sheș-teh sis-teh-mool deh meh-sah-jeh-ree-e een-tern-ah.)

573.   Keep everyone in the loop.
       Ține pe toată lumea la curent.
       (*Țee-neh peh toah-tah loo-meah lah koo-rent.*)

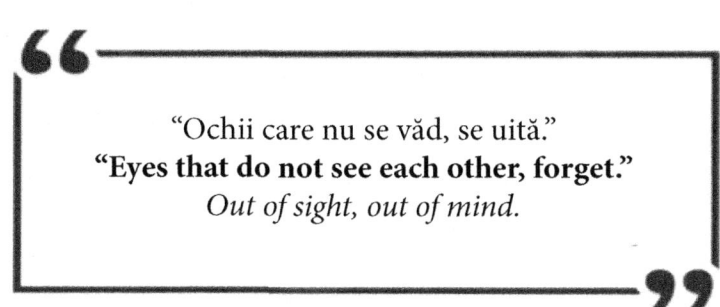

"Ochii care nu se văd, se uită."
"Eyes that do not see each other, forget."
Out of sight, out of mind.

Cross Word Puzzle: Business & Work

(Provide the Romanian translation for the following English words)

Down

1. - MEETING
2. - INCOME
4. - SALARY
6. - BUSINESS
7. - WORK
11. - PROFESSIONAL
13. - BOSS

Across

3. - PROJECT
5. - EMPLOYEE
8. - OFFICE
9. - CLIENT
10. - COMPANY
12. - PRODUCT
14. - CLIENTELE
15. - TEAM
16. - MARKETING
17. - CONTRACT

Correct Answers:

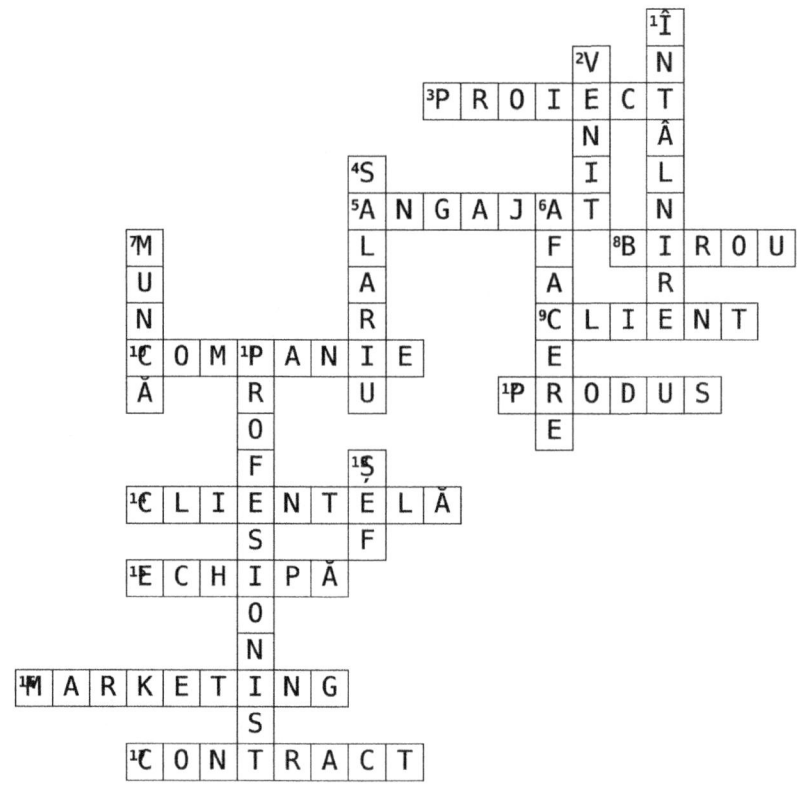

EVENTS & ENTERTAINMENT

- BUYING TICKETS FOR CONCERTS, MOVIES OR EVENTS -
- DISCUSSING ENTERTAINMENT & LEISURE ACTIVITIES -
- EXPRESSING JOY OR DISAPPOINTMENT WITH AN EVENT -

Ticket Purchases

574. I'd like to buy two tickets for the concert.
Aş dori să cumpăr două bilete pentru concert.
*(Ash doh-ree să koom-pahr doo-ah bee-leh-teh pen-troo
kon-chairt.)*

575. Can I get tickets for the movie tonight?
Pot obține bilete pentru filmul din seara asta?
*(Pot obțee-neh bee-leh-teh pen-troo feel-mool deen seh-rah
ah-stah?)*

576. We need to book tickets for the upcoming event.
Trebuie să rezervăm bilete pentru evenimentul viitor.
*(Tre-boo-yeh să reh-zehr-vahm bee-leh-teh pen-troo eh-veh-nee-
men-tool vee-ee-tor.)*

577. What's the price of admission?
Care este prețul de intrare?
(Kah-reh es-teh preh-tzool deh een-trah-reh?)

578. Do you offer any discounts for students?
Oferiți reduceri pentru studenți?
(Oh-feh-reets reh-doo-chair-ee pen-troo stoo-den-ts?)

579. Are there any available seats for the matinee?
Există locuri disponibile pentru matineu?
*(Ex-ees-tah loh-coo-ree dee-spo-nee-bee-leh pen-troo
mah-tee-neh-oo?)*

580. How can I purchase tickets online?
Cum pot cumpăra bilete online?
(Koom pot koom-pah-rah bee-leh-teh on-line?)

581. Is there a box office nearby?
Există un ghişeu de bilete în apropiere?
(*Ex-ees-tah oon ghee-sheh-oo deh bee-leh-teh een ah-pro-pee-eh-reh?*)

582. Are tickets refundable if I can't attend?
Biletele sunt rambursabile dacă nu pot participa?
(*Bee-leh-teh-leh soont rahm-boor-sah-bee-leh dah-kah noo pot par-tee-chee-pah?*)

583. Can I choose my seats for the show?
Pot alege locurile mele pentru spectacol?
(*Pot ah-leh-geh loh-coo-roo-leh meh-leh pen-troo spek-tah-col?*)

584. Can I reserve tickets for the theater?
Pot rezerva bilete pentru teatru?
(*Pot reh-zehr-vah bee-leh-teh pen-troo teh-ah-troo?*)

585. How early should I buy event tickets?
Cât de devreme ar trebui să cumpăr bilete pentru eveniment?
(*Kaht deh deh-vreh-meh ahr tre-boo-ee să koom-pahr bee-leh-teh pen-troo eh-veh-nee-ment?*)

586. Are there any VIP packages available?
Există pachete VIP disponibile?
(*Ex-ees-tah pah-keh-teh V.I.P. dee-spo-nee-bee-leh?*)

587. What's the seating arrangement like?
Cum este aranjamentul locurilor?
(*Koom es-teh ah-rahn-jah-men-tool loh-coo-roo-lor?*)

> **Idiomatic Expression:** "A da cu subsemnatul." -
> Meaning: "To sign a document."
> (Literal translation: "To give with the undersigned.")

588.   Is there a family discount for the movie?
       Există reducere pentru familii la film?
       (*Ex-ees-tah reh-doo-cheh-reh pen-troo fa-mee-lee lah feelm?*)

589.   I'd like to purchase tickets for my friends.
       Aș dori să cumpăr bilete pentru prietenii mei.
       (*Ash doh-ree să koom-pahr bee-leh-teh pen-troo pree-eh-teh-nee-
       ee may.*)

> **Fun Fact:** The Romanian Blouse is a traditional folk
> costume, known as 'ie,' which has inspired fashion
> designers worldwide.

590.   Do they accept credit cards for tickets?
       Acceptă carduri de credit pentru bilete?
       (*Ak-cep-tah kar-doo-ree deh kre-deet pen-troo bee-leh-teh?*)

591.   Are there any age restrictions for entry?
       Există restricții de vârstă pentru intrare?
       (*Ex-ees-tah res-treek-tsee-ee deh vârs-tah pen-troo een-trah-reh?*)

592.   Can I exchange my ticket for a different date?
       Pot schimba biletul pentru o altă dată?
       (*Pot skeem-bah bee-leh-tool pen-troo oh ahl-tah dah-tah?*)

Leisure Activities

593.   What do you feel like doing this weekend?
       Ce ai chef să faci în acest weekend?
       (*Cheh eye chef să fahch een ah-chesht vee-ken?*)

594. Let's discuss our entertainment options.
Să discutăm despre opțiunile noastre de divertisment.
(*Sah dis-koo-tahm des-preh op-tsee-oo-nee-leh no-ahs-treh deh dee-vehr-tees-ment.*)

> **Fun Fact:** Bucovina is known for its painted monasteries and beautiful landscapes.

595. I'm planning a leisurely hike on Saturday.
Plănuiesc o drumeție relaxantă sâmbătă.
(*Plă-noo-yesk oh droo-me-tsyeh re-lax-ahn-tah sâm-buh-tah.*)

596. Do you enjoy outdoor activities like hiking?
Îți place să practici activități în aer liber cum ar fi drumețiile?
(*Eetz plah-cheh să prahk-tee-chee ak-tee-vee-tah-tsee een aer lee-ber koom ahr fee droo-me-tsee-ee-leh?*)

597. Have you ever tried indoor rock climbing?
Ai încercat vreodată escaladă indoor?
(*Eye een-chair-cat vreh-oh-dah-tah es-ka-lah-dah een-dohr?*)

598. I'd like to explore some new hobbies.
Aș dori să explorez niște hobby-uri noi.
(*Ash doh-ree să eks-plo-rez neeshteh hob-by-oo-ree no-ee.*)

599. What are your favorite pastimes?
Care sunt pasiunile tale favorite?
(*Kah-reh soont pah-see-oo-nee-leh tah-leh fah-voh-rah-teh?*)

> **Cultural Insight:** "Hora" Dance: A traditional Romanian circle dance, often performed at weddings and festivals.

600. Are there any interesting events in town?
Există evenimente interesante în oraș?
(*Ex-ees-tah eh-veh-nee-men-teh in-teh-re-sahn-teh în o-rash?*)

601. Let's check out the local art exhibition.
Să vedem expoziția de artă locală.
(*Sah veh-dem eks-poh-zee-țee-ah deh ar-tah loh-kah-lah.*)

602. How about attending a cooking class?
Ce zici de participarea la un curs de gătit?
(*Cheh zeech deh par-tee-chee-pah-re-ah lah oon koors deh gah-teet?*)

603. Let's explore some new recreational activities.
Să explorăm niște activități recreative noi.
(*Sah eks-ploh-răm neeshte ak-tee-vee-tah-țee reh-kreh-ah-tee-veh no-eye.*)

604. What's your go-to leisure pursuit?
Care este activitatea ta de timp liber preferată?
(*Kah-reh es-teh ak-tee-vee-tah-tah tah deh teemp lee-ber preh-feh-rah-tah?*)

605. I'm considering trying a new hobby.
Mă gândesc să încerc un nou hobby.
(*Mah gân-desk să în-cherk oon noh-oo hob-bee.*)

606. Have you ever attended a painting workshop?
Ai participat vreodată la un atelier de pictură?
(*Eye par-tee-chee-pat vreh-oh-dah-tah lah oon ah-teh-leer deh peek-too-rah?*)

Fun Fact: Râșnov Fortress was built as a defense against the Ottomans.

607. What's your favorite way to unwind?
Care este modul tău preferat de a te relaxa?
(Kah-reh es-teh moh-dool tah-oo preh-feh-rat deh ah teh reh-lahks-ah?)

608. I'm interested in joining a local club.
Sunt interesat să mă alătur unui club local.
(Soont in-teh-re-sat să mah ah-lah-toor oo-noo-ee kloob loh-kal.)

609. Let's plan a day filled with leisure.
Să planificăm o zi plină de relaxare.
(Sah pla-nee-fee-kăm o zee plee-nah deh reh-lahk-sah-reh.)

610. Have you ever been to a live comedy show?
Ai fost vreodată la un spectacol de comedie live?
(Eye fohst vreh-oh-dah-tah lah oon spek-tah-kol deh koh-me-dee-eh lee-veh?)

611. I'd like to attend a cooking demonstration.
Aş dori să particip la o demonstraţie de gătit.
(Ash doh-ree să par-tee-cheep lah o deh-mohn-strah-ţee-eh deh gah-teet.)

> **Fun Fact:** Peles Castle is one of the most beautiful castles in Europe, located in Sinaia.

Event Reactions

612. That concert was amazing! I loved it!
Acel concert a fost uimitor! Mi-a plăcut mult!
(Ah-chel kon-chert ah fohst oo-ee-mee-tohr! Mee-ah pluh-koot moolt!)

613. I had such a great time at the movie.
M-am distrat foarte bine la film.
(M-am dee-strat foh-ar-teh bee-neh lah feelm.)

614. The event exceeded my expectations.
Evenimentul a depășit așteptările mele.
(Eh-veh-nee-men-tool ah deh-puh-sheeat ah-shtep-tah-ree-leh meh-leh.)

615. I was thrilled by the performance.
Am fost entuziasmat de spectacol.
(Am fohst en-too-zee-ahs-maht deh spek-tah-col.)

616. It was an unforgettable experience.
A fost o experiență de neuitat.
(Ah fohst oh eks-peh-ree-en-țah deh neh-oo-ee-taht.)

617. I can't stop thinking about that show.
Nu pot să încetez să mă gândesc la acel spectacol.
(Noo poh să în-cheh-tez să mă gândesk lah ah-chel spek-tah-col.)

618. Unfortunately, the event was a letdown.
Din păcate, evenimentul a fost o dezamăgire.
(Deen puh-cah-teh, eh-veh-nee-men-tool ah fohst oh deh-zah-muh-ghee-reh.)

619. I was disappointed with the movie.
Am fost dezamăgit de film.
(Am fohst deh-zah-muh-geet deh feelm.)

620. The concert didn't meet my expectations.
Concertul nu a corespuns așteptărilor mele.
(Kon-cher-tool noo ah co-reh-spoons ah-shtep-tah-ree-lor meh-leh.)

621. I expected more from the exhibition.
Mă așteptam la mai mult de la expoziție.
(*Mah ah-shtep-tahm lah mye moot deh lah eks-poh-zee-țee-eh.*)

622. The event left me speechless; it was superb!
Evenimentul m-a lăsat fără cuvinte; a fost superb!
(*Eh-veh-nee-men-tool m-ah luh-saht fuh-ră koo-veen-teh; ah fohst soo-perb!*)

623. I was absolutely thrilled with the performance.
Am fost absolut încântat de spectacol.
(*Am fohst ab-soh-loot în-kîn-taht deh spek-tah-col.*)

> **Idiomatic Expression:** "A freca menta." -
> Meaning: "To slack off."
> (Literally: "To rub the mint.")

624. The movie was a pleasant surprise.
Filmul a fost o surpriză plăcută.
(*Feel-mool ah fohst oh soo-pree-zah pluh-koo-tuh.*)

625. I had such a blast at the exhibition.
M-am distrat de minune la expoziție.
(*M-am dee-strat deh mee-noo-neh lah eks-poh-zee-țee-eh.*)

626. The concert was nothing short of fantastic.
Concertul a fost pur și simplu fantastic.
(*Kon-cher-tool ah fohst poor sh sheem-ploo fahn-tahs-teek.*)

627. I'm still on cloud nine after the event.
Încă sunt pe norii de fericire după eveniment.
(*În-kă soont peh noh-ree deh feh-ree-chee-reh doo-pah eh-veh-nee-ment.*)

628. I was quite underwhelmed by the show.
Spectacolul a fost destul de dezamăgitor.
(Spek-tah-co-lul ah fohst des-tool deh deh-zah-muh-ghee-tor.)

629. I expected more from the movie.
Mă așteptam la mai mult de la film.
(Mah ah-shtep-tahm lah mye moot deh lah feelm.)

630. Unfortunately, the exhibition didn't impress me.
Din păcate, expoziția nu m-a impresionat.
(Deen puh-cah-teh, eks-poh-zee-țee-ah noo m-ah im-preh-syo-nat.)

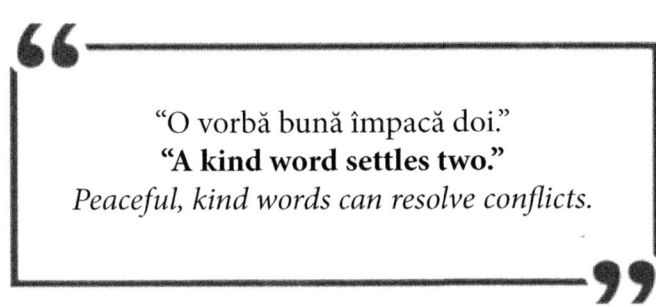

"O vorbă bună împacă doi."
"A kind word settles two."
Peaceful, kind words can resolve conflicts.

Mini Lesson:
Basic Grammar Principles in Romanian #2

Introduction:

Welcome to the second part of our Romanian grammar series. Building upon the foundational knowledge from the first lesson, this installment will explore more complex aspects of Romanian grammar. As you deepen your understanding of the Romanian language, grasping these concepts will significantly enhance your ability to communicate effectively and appreciate the nuances of this Romance language.

1. Sentence Structure:

Romanian generally follows the Subject-Verb-Object (SVO) sentence structure, similar to English. However, the placement of adverbs and other sentence elements can be more flexible:

- *Eu mănânc micul dejun. (I eat breakfast.)*
- *Mănânci micul dejun? (Do you eat breakfast?)*
- *Mâine mănânc micul dejun devreme. (Tomorrow I eat breakfast early.)*

2. Verb Tenses:

Romanian verbs are expressed in multiple tenses to indicate time, including present, past, future, and conditional:

- *Eu mănânc. (I eat - present)*
- *Eu am mâncat. (I ate/I have eaten - past)*
- *Eu voi mânca. (I will eat - future)*
- *Eu aş mânca. (I would eat - conditional)*

3. Passive Voice:

The passive voice in Romanian is formed using the auxiliary verb "a fi" (to be) and the past participle of the main verb:

- *Cartea este citită de student. (The book is read by the student.)*
- *Casa a fost construită în secolul 19. (The house was built in the 19th century.)*

4. Subordinate Clauses:

In subordinate clauses, Romanian often maintains the same word order as the main clause:

- *Cred că el locuiește în București. (I believe that he lives in Bucharest.)*
- *Ea a spus că va veni. (She said that she would come.)*

5. Infinitive Forms:

Romanian uses the infinitive form of verbs, often preceded by "a" (to):

- *Îmi place a înota. (I like to swim.)*
- *Ea trebuie să doarmă. (She needs to sleep.)*

6. Adjectives:

Adjectives in Romanian agree with the noun in gender, number, and case. They can precede or follow the noun they modify:

- *O mașină mare (a big car) - Indefinite*
- *Mașina mare (the big car) - Definite*

7. Pronouns and Reflexive Verbs:

Romanian pronouns must agree with their antecedents in gender, number, and case. Reflexive verbs use "se" for the third person:

- *El se spală. (He washes himself.)*
- *Ei se pregătesc pentru petrecere. (They are preparing for the party.)*

Conclusion:

Mastering these more advanced Romanian grammar principles will enable you to form more complex sentences and understand the subtleties of both spoken and written Romanian. Consistent practice and immersion in the language are key to reinforcing these concepts. Mult succes! (Good luck!)

HEALTHCARE & MEDICAL NEEDS

- EXPLAINING SYMPTOMS TO A DOCTOR -
- REQUESTING MEDICAL ASSISTANCE -
- DISCUSSING MEDICATIONS AND TREATMENT -

Explaining Symptoms

631. I have a persistent headache.
Am o durere de cap persistentă.
(Ahm o doo-reh-reh deh kap per-sis-ten-tuh.)

632. My throat has been sore for a week.
Am dureri de gât de o săptămână.
(Ahm doo-reh-ree deh gâht deh oh săp-tuh-muh-nuh.)

633. I've been experiencing stomach pain and nausea.
Am avut dureri de stomac și greață.
(Ahm ah-voot doo-reh-ree deh sto-mak shi greh-uh-tzuh.)

634. I have a high fever and chills.
Am febră mare și frisoane.
(Ahm feh-bruh mah-reh shi free-so-ah-neh.)

635. My back has been hurting for a few days.
Mă doare spatele de câteva zile.
(Mah doh-ah-reh spah-teh-leh deh cah-teh-vah zee-leh.)

636. I'm coughing up yellow mucus.
Tușesc mucus galben.
(Too-sesc moo-kus gal-ben.)

637. I have a rash on my arm.
Am o erupție pe braț.
(Ahm o eh-roop-ție peh bruhț.)

638. I feel dizzy and lightheaded.
Mă simt amețit și slab.
(Mah seemt ah-meh-țeet shi slahb.)

639. I've been having trouble breathing.
Am probleme cu respirația.
(Ahm pro-bleh-meh koo res-pee-rat-see-ah.)

> **Travel Story:** In Timişoara, a local described the city's revolution history as "inima schimbării," or "the heart of change."

640. My joints are swollen and painful.
Îmi sunt umflate şi dureroase articulațiile.
(Îmee soont oom-flah-teh shi doo-reh-ro-ah-seh ar-tee-koo-lah-țee-leh.)

641. I've had diarrhea for two days.
Am diaree de două zile.
(Ahm dee-ah-reh deh doo-uh zee-leh.)

642. My eyes are red and itchy.
Ochii îmi sunt roşii şi mănâncă.
(Oh-kee îmee soont roh-shee shi muh-nun-cuh.)

643. I've been vomiting since last night.
Vărs de aseară.
(Vurs deh ah-seah-ră.)

644. I have a painful, persistent toothache.
Am o durere de dinte dureroasă şi persistentă.
(Ahm o doo-reh-reh deh deen-teh doo-reh-ro-ah-suh shi per-sis-ten-tuh.)

645. I'm experiencing fatigue and weakness.
Simt oboseală şi slăbiciune.
(Seemt oh-boh-seah-luh shi sluh-bee-chee-oo-neh.)

646. I've noticed blood in my urine.
Am observat sânge în urină.
(*Ahm ob-ser-vat sâng-eh în oo-ree-nuh.*)

647. My nose is congested, and I can't smell anything.
Nasul meu este înfundat, şi nu pot mirosi nimic.
(*Nah-sool meh-oo es-te în-foon-dat, shi noo pot mee-ro-see nee-meek.*)

648. I have a cut that's not healing properly.
Am o tăietură care nu se vindecă corect.
(*Ahm o tă-ee-eh-too-rah kah-reh noo seh veen-deh-kah koh-rekt.*)

649. My ears have been hurting, and I can't hear well.
Mi-au durut urechile şi nu aud bine.
(*Mee-ow doo-root oo-reh-kee-leh shi noo owd bee-neh.*)

650. I think I might have a urinary tract infection.
Cred că am o infecţie urinară.
(*Krehd kuh ahm oh een-fek-ţee-eh oo-ree-nah-ră.*)

651. I've had trouble sleeping due to anxiety.
Am avut probleme cu somnul din cauza anxietăţii.
(*Ahm ah-voot proh-bleh-meh koo sohm-nool deen cow-zah ahnk-see-eh-tăţ-ee.*)

Requesting Medical Assistance

652. I need to see a doctor urgently.
Trebuie să văd un doctor de urgenţă.
(*Tre-boo-yeah să vahd oon dohk-tor deh oor-gen-ţă.*)

653. Can you call an ambulance, please?
Poți suna la ambulanță, te rog?
(*Pohtz soo-nah lah ahm-boo-lanță, teh rohg?*)

654. I require immediate medical attention.
Am nevoie de asistență medicală imediată.
(*Ahm neh-vo-yeh deh ah-sees-tenț-ă meh-dee-kah-lă ee-meh-dee-ah-tă.*)

655. Is there an available appointment today?
Este vreun program disponibil astăzi?
(*Es-teh vreh-oon pro-gram dis-po-nee-beel ah-stăh-zee?*)

656. Please help me find a nearby clinic.
Te rog ajută-mă să găsesc o clinică apropiată.
(*Teh rohg ah-oo-tă-muh să gă-sesk oh klee-nee-kă ah-pro-pee-ah-tă.*)

657. I think I'm having a medical emergency.
Cred că am o urgență medicală.
(*Krehd kuh ahm oh oor-gență meh-dee-kah-lă.*)

658. Can you recommend a specialist?
Poți recomanda un specialist?
(*Pohtz reh-koh-man-dah oon speh-see-ah-leest?*)

> **Idiomatic Expression:** "A arunca mănușa." -
> Meaning: "To challenge someone."
> Literal translation: "To throw the glove."

659. I'm in severe pain; can I see a doctor now?
Sunt într-o durere severă; pot să văd un doctor acum?
(*Soont într-oh doo-reh-reh seh-veh-ră; pot să vahd oon dohk-tor ah-koom?*)

660.   Is there a 24-hour pharmacy in the area?
       Există o farmacie deschisă non-stop în zonă?
       (Ex-is-tă o fahr-ma-chee des-kis-ă non-stop în zoh-nă?)

661.   I need a prescription refill.
       Am nevoie de o reînnoire a rețetei.
       (Am neh-vo-ee-eh deh o re-în-noi-reh ah reh-țeh-tei.)

662.   Can you guide me to the nearest hospital?
       Puteți să mă îndrumați spre cel mai apropiat spital?
       (Poo-teți să mă în-droo-măți spreh chel my a-pro-pi-at spital?)

> **Fun Fact:** Voronet Monastery is known for its unique
> shade of blue, known as 'Voronet Blue'.

663.   I've cut myself and need medical assistance.
       M-am tăiat și am nevoie de asistență medicală.
       *(M-am tă-i-at shi am neh-vo-ee-eh deh ah-sis-tenț-ă
       meh-di-ca-lă.)*

664.   My child has a high fever; what should I do?
       Copilul meu are febră mare; ce ar trebui să fac?
       *(Koh-pee-lul meh-oo areh feh-bră mah-re; cheh ar tre-boo-ee să
       fak?)*

665.   Is there a walk-in clinic nearby?
       **Există o clinică pentru consultații fără programare în
       apropiere?**
       *(Ex-is-tă o klee-nee-că pen-troo kon-sul-tați-ee fără pro-gra-ma-
       re în a-pro-pyeh-reh?)*

666.   I need medical advice about my condition.
       Am nevoie de sfaturi medicale despre starea mea.
       *(Am neh-vo-ee-eh deh sfah-too-ree meh-di-ca-le des-preh
       sta-re-ah meh-ah.)*

667. My medication has run out; I need a refill.
Mi s-au terminat medicamentele; am nevoie de o reînnoire.
(*Mee s-ow ter-mee-nat meh-di-ca-men-teh-le; am neh-vo-ee-eh deh o re-în-noi-reh.*)

668. Can you direct me to an eye doctor?
Mă puteți îndruma spre un oftalmolog?
(*Mă poo-teți în-droo-mah spreh oon of-tal-mo-log?*)

669. I've been bitten by a dog; I'm concerned.
Am fost mușcat de un câine; sunt îngrijorat.
(*Am fost moosh-kat deh oon câi-neh; soont în-gree-zho-rat.*)

670. Is there a dentist available for an emergency?
Există un dentist disponibil pentru urgențe?
(*Ex-is-tă oon den-ist dis-po-nee-beel pen-troo oor-gențe?*)

671. I think I might have food poisoning.
Cred că am toxiinfecție alimentară.
(*Krehd kă am toks-ee-in-fekț-ee-e ah-lee-men-tar-ă.*)

672. Can you help me find a pediatrician for my child?
Mă puteți ajuta să găsesc un pediatru pentru copilul meu?
(*Mă poo-teți ah-oo-tah să gă-sesk oon pe-dee-a-troo pen-troo koh-pee-lool meh-oo?*)

> **Idiomatic Expression:** "A bate pasul pe loc." -
> Meaning: "To make no progress."
> (Literal translation: "To march in place.")

Discussing Medications and Treatments

673.   What is this medication for?
Pentru ce este acest medicament?
(Pen-troo cheh es-teh ah-chesst meh-dee-ka-ment?)

674.   How often should I take this pill?
Cât de des trebuie să iau acest comprimat?
(Kuht deh des treh-boo-ee să yow ah-chesst kom-pree-mat?)

675.   Are there any potential side effects?
Există efecte secundare potențiale?
(Ex-is-tă eh-fek-teh se-koon-dah-reh po-ten-tsi-ah-leh?)

676.   Can I take this medicine with food?
Pot să iau acest medicament cu mâncare?
(Pot să yow ah-chesst meh-dee-ka-ment koo mûn-kah-reh?)

677.   Should I avoid alcohol while on this medication?
Trebuie să evit alcoolul în timp ce iau acest medicament?
(Treh-boo-ee să eh-veet al-kool-ool în teemp cheh yow ah-chesst meh-dee-ka-ment?)

678.   Is it safe to drive while taking this?
Este sigur să conduc în timp ce iau acest medicament?
(Es-teh see-goor să kon-dook în teemp cheh yow ah-chesst meh-dee-ka-ment?)

679.   How long do I need to continue this treatment?
Cât timp trebuie să continui acest tratament?
(Kuht teemp treh-boo-ee să kon-tee-noo-ee ah-chesst tra-tah-ment?)

680. Can you explain the dosage instructions?
Puteți să-mi explicați instrucțiunile de dozare?
(*Poo-teți să-mee ex-plee-kahți in-struk-tsi-oo-ni-leh deh do-zah-reh?*)

681. What should I do if I miss a dose?
Ce ar trebui să fac dacă ratez o doză?
(*Cheh ahr treh-boo-ee să fak dah-kă rah-tez oh do-ză?*)

682. Are there any dietary restrictions?
Există restricții alimentare?
(*Ex-is-tă res-treek-tsi-i ah-lee-men-tah-reh?*)

> **Fun Fact:** Romanian Easter Traditions include painting eggs and a special Easter bread called 'Pasca'.

683. Can I get a generic version of this medication?
Pot obține o versiune generică a acestui medicament?
(*Pot obțee-neh oh vehr-see-oo-neh jeh-neh-ree-kă ah ah-ches-too-ee meh-dee-ka-ment?*)

684. Is there a non-prescription alternative?
Există o alternativă fără prescripție?
(*Ex-is-tă oh al-ter-na-tee-vă fără pre-skreep-tsi-eh?*)

685. How should I store this medication?
Cum ar trebui să păstrez acest medicament?
(*Koom ahr treh-boo-ee să păs-trez ah-chesst meh-dee-ka-ment?*)

686. Can you show me how to use this inhaler?
Îmi puteți arăta cum să folosesc acest inhalator?
(*Îm-ee poo-teți ah-ră-tah koom să fo-lo-sesk ah-chesst in-hah-la-tor?*)

687. What's the expiry date of this medicine?
Care este data de expirare a acestui medicament?
(Kah-reh es-teh dah-tah deh eks-pee-rah-reh ah ah-ches-too-ee meh-dee-ka-ment?)

> **Fun Fact:** The Legend of Master Manole is a famous Romanian folk story about the sacrifice and creation of the Curtea de Argeş Monastery.

688. Do I need to finish the entire course of antibiotics?
Trebuie să termin întregul curs de antibiotice?
(Treh-boo-ee-eh să tehr-meen în-treh-gool koors deh an-tee-by-oh-tee-cheh?)

689. Can I cut these pills in half?
Pot tăia aceste pastile în jumătate?
(Pot tah-ee-ah ah-ches-teh pahs-tee-leh în zhoo-mă-tah-teh?)

690. Is there an over-the-counter pain reliever you recommend?
Recomandați un calmant fără prescripție?
(Reh-ko-man-dahts oon kahl-mahnt fără preh-skreep-tsee-eh?)

691. Can I take this medication while pregnant?
Pot lua acest medicament în timpul sarcinii?
(Pot loo-ah ah-chesst meh-dee-ka-ment în teem-pool sar-chee-nee-ee?)

692. What should I do if I experience an allergic reaction?
Ce ar trebui să fac dacă am o reacție alergică?
(Cheh ahr treh-boo-ee să fahk dah-kă ahm oh re-ahk-tsee-eh ah-lehr-gee-kă?)

> **Fun Fact:** The Iron Gates are a stunning gorge on the Danube River, forming the border between Romania and Serbia.

693. Can you provide more information about this treatment plan?
Puteți să furnizați mai multe informații despre acest plan de tratament?
(*Poo-tehts să foor-nee-zahhts my ool-teh in-for-mah-tsee-ee des-preh ah-chesst plan deh trah-tah-ment?*)

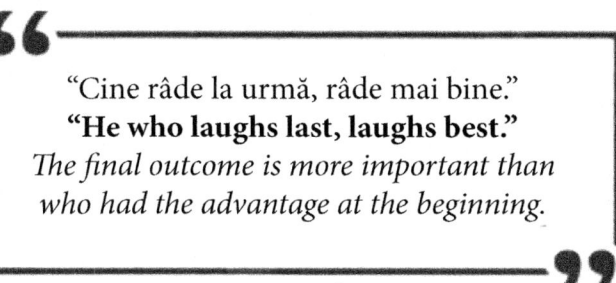

"Cine râde la urmă, râde mai bine."
"He who laughs last, laughs best."
The final outcome is more important than who had the advantage at the beginning.

Word Search Puzzle: Healthcare

HOSPITAL
SPITAL
DOCTOR
MEDIC
MEDICINE
MEDICAMENT
PRESCRIPTION
REȚETĂ
APPOINTMENT
PROGRAMARE
SURGERY
CHIRURGIE
VACCINE
VACCIN
PHARMACY
FARMACIE
ILLNESS
BOALĂ
TREATMENT
TRATAMENT
DIAGNOSIS
DIAGNOSTIC
RECOVERY
RECUPERARE
SYMPTOM
SIMPTOM
IMMUNIZATION
IMUNIZARE

```
O T D F N R O X F B E M Q D Q
T R E A T M E N T R O E I I D
T I M M U N I Z A T I O N A Y
B U Q P V C S M P L R D M G D
Y N T N E L A M V C M T B N T
C M X E A R I A L S E B U O Y
I H U T G S C Q J S D P R S M
H K I O O C Q J Q E I Z W I O
A P R R I Q M F U N C R B S T
S P Z N U E N E I L I O E T P
E E R X R R R T D L N N Q X M
Ă I L F W V G A A I E R M V Y
I T C E A X J I R C C E H A S
I M E A O H V R E E D U Q C N
T K U Ț M P X T O I P F Q C B
X R D N E R A P C B Ă U L I C
Q V A D I R A A C L L T C N F
D E I T V Z M F A D L N I E G
N T L M A E A O T D A E K N R
E E F H N M B R I I T M Y F W
K W C T Y L E A E K I T K H U
Z X C Q A B G N F F P N P P M
O Y F F B N G E T Z S I F D E
Y R E V O C E R V M O O X I S
J C B S D O C T O R H P R I Q
I V T I K Z R V D R V P B Z L
E I B E Z S H V D O X A N T O
C A N O I T P I R C S E R P S
Y C A M R A H P J Y S C B C G
L O U S U R G E R Y N K L B D
```

Correct Answers:

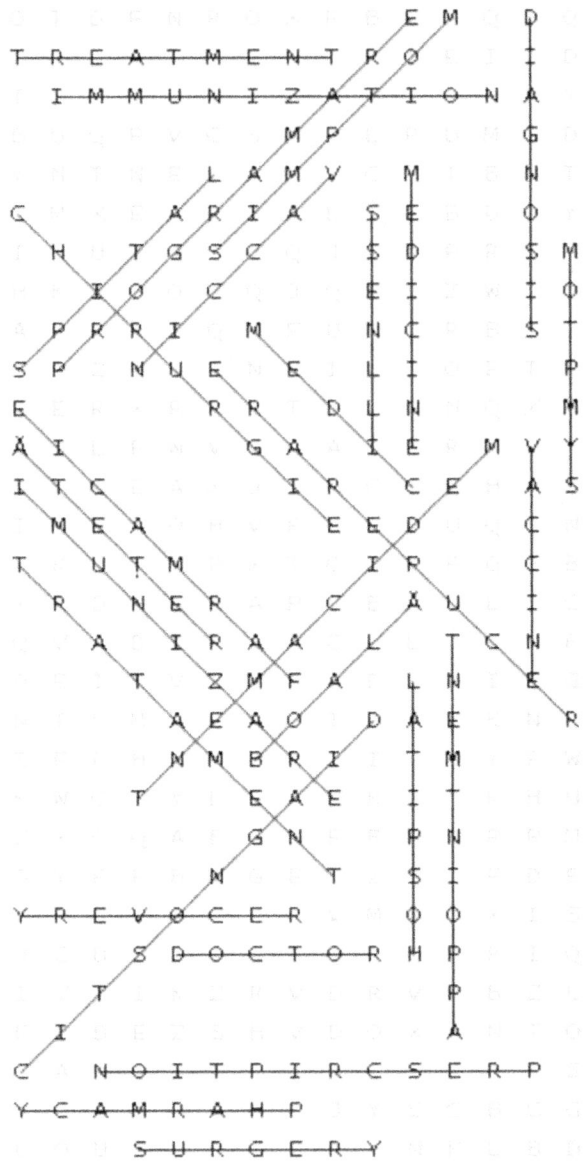

FAMILY & RELATIONSHIPS

- TALKING ABOUT FAMILY MEMBERS & RELATIONSHIPS -
- DISCUSSING PERSONAL LIFE & EXPERIENCES -
- EXPRESSING EMOTIONS & SENTIMENTS -

Family Members and Relationships

694.   He's my younger brother.
       El este fratele meu mai mic.
       (El es-te frah-teh-leh meh-oo my meek.)

695.   She's my cousin from my mother's side.
       Ea este verişoara mea din partea mamei.
       (Eah es-te veh-ree-sho-ah-rah meh-ah deen par-teh-ah mah-may.)

696.   My grandparents have been married for 50 years.
       Bunicii mei sunt căsătoriţi de 50 de ani.
       *(Boo-nee-chee my soont kuh-suh-toh-ree-tsee deh cheen-chee-pets
       deh ah-nee.)*

697.   We're like sisters from another mister.
       Suntem ca surorile cu un alt tată.
       (Soon-tem kah soo-ro-ree-leh koo oon ahlt tah-tuh.)

698.   He's my husband's best friend.
       El este cel mai bun prieten al soţului meu.
       (El es-te chel my boon pree-eh-ten ahl sotz-oo-lyoo meh-oo.)

699.   She's my niece on my father's side.
       Ea este nepoata mea din partea tatălui.
       *(Eah es-te neh-po-ah-tah meh-ah deen par-teh-ah
       tah-tuh-loo-ee.)*

700.   They are my in-laws.
       Ei sunt socrul şi soacra mea.
       (Aye soont soh-krool shi soah-krah meh-ah.)

Fun Fact: The Romanian alphabet has 31 letters.

701. Our family is quite close-knit.
Familia noastră este foarte unită.
(*Fah-mee-lee-ah now-ah-struh es-te foh-ar-teh oo-nee-tuh.*)

702. He's my adopted son.
El este fiul meu adoptat.
(*El es-te fee-ool meh-oo ah-dohp-taht.*)

703. She's my half-sister.
Ea este sora mea vitregă.
(*Eah es-te soh-rah meh-ah vee-treh-guh.*)

> **Travel Story:** At a wine tasting in Prahova Valley, the sommelier toasted with "noroc și sănătate," meaning "luck and health."

704. My parents are divorced.
Părinții mei sunt divorțați.
(*Puh-rin-tsee meh-ee soont dee-vor-tsuh-tee.*)

705. He's my fiancé.
El este logodnicul meu.
(*El es-te loh-god-neek-ool meh-oo.*)

706. She's my daughter-in-law.
Ea este nora mea.
(*Eah es-te noh-rah meh-ah.*)

> **Idiomatic Expression:** "A da cu oțet." - Meaning: "To spoil something." (Literal translation: "To give with vinegar.")

707.   We're childhood friends.
Suntem prieteni din copilărie.
(*Soon-tem pree-eh-ten-ee deen koh-pee-lah-ree-eh.*)

708.   My twin brother and I are very close.
Eu şi fratele meu geamăn suntem foarte apropiaţi.
(*Eh-oo shi frah-teh-leh meh-oo jeh-ah-mahn soon-tem foh-ar-teh ah-pro-pee-ah-tee.*)

709.   He's my godfather.
El este naşul meu.
(*El es-te nah-shool meh-oo.*)

> **Fun Fact:** In Timişoara, Romania had the first cast-iron bridge in Europe.

710.   She's my stepsister.
Ea este sora mea vitregă.
(*Eah es-te so-rah meh-ah veet-reh-gah.*)

711.   My aunt is a world traveler.
Mătuşa mea este o călătoare prin lume.
(*Mah-too-shah meh-ah es-te oh kuh-lah-toah-reh preen loo-meh.*)

712.   We're distant relatives.
Suntem rude îndepărtate.
(*Soon-tem roo-deh in-deh-par-tah-teh.*)

713.   He's my brother-in-law.
El este cumnatul meu.
(*El es-te koom-nah-tool meh-oo.*)

714.   She's my ex-girlfriend.
Ea este fosta mea prietenă.
(*Eah es-te fohs-tah meh-ah pree-eh-teh-nah.*)

Personal Life and Experiences

715. I've traveled to over 20 countries.
      Am călătorit în peste 20 de țări.
      (Ahm kuh-lah-toh-reet in pes-teh dveh-țah-ree.)

716. She's an avid hiker and backpacker.
      Ea este o drumeț pasionată și rucsacară.
      (Eah es-te oh droo-met pah-syo-nah-tah shi rook-sah-kah-rah.)

717. I enjoy cooking and trying new recipes.
      Îmi place să gătesc și să încerc rețete noi.
      (Eem ploh-cheh sah gah-tesk shi sah een-cherk reh-tse-teh noy.)

718. He's a professional photographer.
      El este un fotograf profesionist.
      (El es-te oon fo-to-graf pro-feh-syo-neest.)

719. I'm passionate about environmental conservation.
      Sunt pasionat de conservarea mediului.
      (Soont pah-syo-nat deh kohn-ser-vah-reh-ah meh-dee-oo-lee-oo.)

720. She's a proud dog owner.
      Ea este o proprietară mândră de câine.
      (Eah es-te oh pro-pree-eh-tah-rah muhn-drah deh kuh-ee-neh.)

721. I love attending live music concerts.
      Îmi place să particip la concerte de muzică live.
      (Eem ploh-cheh sah par-tee-cheep lah kon-chair-teh deh moo-zee-kah lee-veh.)

722. He's an entrepreneur running his own business.
El este un antreprenor care își conduce propria afacere.
(*El es-te oon ahn-treh-preh-nor kah-reh eesh kon-doo-cheh pro-pree-ah ah-fah-cheh-reh.*)

723. I've completed a marathon.
Am terminat un maraton.
(*Ahm ter-mee-nat oon mah-ra-ton.*)

724. She's a dedicated volunteer at a local shelter.
Ea este o voluntară dedicată la un adăpost local.
(*E-ah es-te o vo-loon-tah-rah deh-dee-kah-tah lah oon ah-dah-post loh-kahl.*)

725. I'm a history buff.
Sunt pasionat de istorie.
(*Soont pah-syo-nat deh is-toh-ree-eh.*)

726. He's a bookworm and a literature lover.
El este un cititor înrăit și un iubitor de literatură.
(*El es-te oon chee-tee-tor in-rayt shi oon yoo-bee-tor deh lee-teh-rah-too-rah.*)

727. I've recently taken up painting.
Recent am început să pictez.
(*Reh-chent ahm een-cheh-poot sah peech-tehz.*)

728. She's a film enthusiast.
Ea este o cinefilă.
(*E-ah es-te o chee-neh-fee-lah.*)

729. I enjoy gardening in my free time.
Îmi place să mă ocup de grădinărit în timpul meu liber.
(*Eem ploh-cheh sah mah oh-koop deh grah-dee-nee-reet in teem-pool meh-oo lee-ber.*)

730. He's an astronomy enthusiast.
El este un pasionat de astronomie.
(*El es-te oon pah-syo-nat deh as-tro-no-mee-eh.*)

731. I've skydived twice.
Am sărit cu parașuta de două ori.
(*Ahm sah-reet koo pah-rah-shoo-tah deh dow-ah oh-ree.*)

732. She's a fitness trainer.
Ea este un instructor de fitness.
(*E-ah es-te oon een-struk-tor deh feet-ness.*)

733. I love collecting vintage records.
Îmi place să colecționez discuri vintage.
(*Eem ploh-cheh sah koh-lek-tsee-o-nehz dees-koo-ree veen-tahj.*)

734. He's an experienced scuba diver.
El este un scafandru experimentat.
(*El es-te oon skah-fahn-droo eks-peh-ree-men-tat.*)

735. I'm a proud parent of three children.
Sunt un părinte mândru a trei copii.
(*Soont oon pah-rin-teh muhn-droo ah trey koh-pee.*)

> **Fun Fact:** Bigar Waterfall in Romania is offten cited as one of the most beautiful waterfalls in the world.

Expressing Emotions and Sentiments

736. I feel overjoyed on my birthday.
Sunt foarte fericit în ziua mea de naștere.
(*Soont foh-ar-teh feh-ree-cheet in zee-wah meh-ah deh nah-shteh-reh.*)

737. She's going through a tough time right now.
Ea trece printr-o perioadă dificilă chiar acum.
(*E-a treh-che prin-tro pe-ree-oad-ă dee-fee-chil-ă key-ar ah-koom.*)

738. I'm thrilled about my upcoming vacation.
Sunt entuziasmat pentru vacanța mea viitoare.
(*Soont en-too-zee-as-mat pen-troo vah-kant-sah meh-ah vee-e-to-ah-reh.*)

739. He's heartbroken after the breakup.
El este devastat după despărțire.
(*El es-te deh-vas-tat doo-pah des-păr-tsee-reh.*)

> **Idiomatic Expression:** "A da cartea pe față." - Meaning: "To reveal one's intentions."
> (Literal translation: "To lay the cards on the table.")

740. I'm absolutely ecstatic about the news.
Sunt absolut extaziat de vestea asta.
(*Soont ab-soh-loot eks-tah-zee-at deh ves-teh ah-stah.*)

741. She's feeling anxious before the big presentation.
Ea se simte anxioasă înainte de prezentarea mare.
(*E-a seh seem-teh ahnk-see-oa-sah ee-nighn-teh deh preh-zen-tah-re-ah mah-reh.*)

742. I'm proud of my team's achievements.
Sunt mândru de realizările echipei mele.
(*Soont mahn-droo deh reh-ah-lee-zah-ree-leh eh-kee-pay meh-leh.*)

743. He's devastated by the loss.
El este devastat de pierdere.
(*El es-te deh-vas-tat deh pee-eh-deh-reh.*)

744. I'm grateful for the support I received.
Sunt recunoscător pentru sprijinul primit.
(*Soont reh-koo-nos-kah-tor pen-troo spree-jeen-ool pree-meet.*)

745. She's experiencing a mix of emotions.
Ea experimentează un amestec de emoții.
(*E-a eks-peh-ree-men-tee-ah-zah oon ah-mes-tek deh eh-mo-tsee.*)

746. I'm content with where I am in life.
Sunt mulțumit de locul unde mă aflu în viață.
(*Soont mool-tsoo-meet deh loh-kool oon-deh mah ah-floo een vee-ah-tsah.*)

747. He's overwhelmed by the workload.
El este copleșit de volumul de muncă.
(*El es-te koh-ple-sheeat deh vo-loo-mool deh moon-kah.*)

748. I'm in awe of the natural beauty here.
Sunt uimit de frumusețea naturală de aici.
(*Soont oo-eemeet deh froo-moo-seh-tsah nah-too-rah-lah deh ah-eech.*)

> **Language Learning Tip:** Watch Romanian TV Shows - It can help you get used to the pace and tone of native speakers.

749. She's relieved the exams are finally over.
Ea este ușurată că examenele s-au încheiat.
(*E-a es-te oo-shoo-rah-tah kah eks-ah-meh-ne-leh sah-oo een-key-at.*)

750. I'm excited about the new job opportunity.
Sunt entuziasmat de noua oportunitate de muncă.
(*Soont en-too-zee-as-mat deh no-ah oh-por-too-nee-tah-teh deh moon-kah.*)

Travel Story: In the Danube Delta, a fisherman described the sunrise as "un dans al culorilor," meaning "a dance of colors."

751. I'm nostalgic about my childhood.
Sunt nostalgic pentru copilăria mea.
(Soont nos-tal-geek pen-troo ko-pee-luh-ree-ah meh-ah.)

752. She's confused about her future.
Ea este confuză în legătură cu viitorul ei.
(E-ah es-te kon-foo-zah în leh-guh-too-rah koo vee-ee-toh-rul ay.)

753. I'm touched by the kindness of strangers.
Sunt mișcat de amabilitatea străinilor.
(Soont meesh-kat de ah-mah-bee-lee-tah-te-ah struh-een-ee-lor.)

754. He's envious of his friend's success.
El este invidios pe succesul prietenului său.
(El es-te in-vee-dee-os peh soo-ches-ool pree-e-teh-noo-loo soow.)

755. I'm hopeful for a better tomorrow.
Sunt plin de speranță pentru un mâine mai bun.
(Soont pleen deh speh-ran-tsah pen-troo oon mây-neh my boon.)

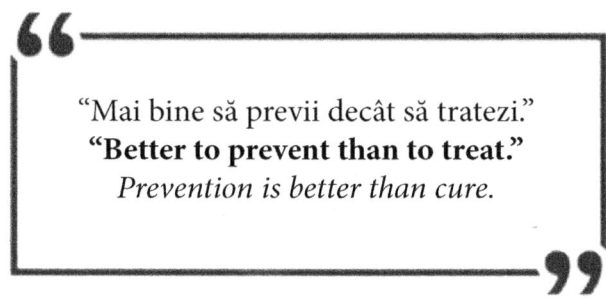

"Mai bine să previi decât să tratezi."
"Better to prevent than to treat."
Prevention is better than cure.

Interactive Challenge: Family & Relationships
(Link each English word with their corresponding meaning in Romanian)

1) Family	Frați și surori
2) Parents	Divorț
3) Siblings	Soț/Soție
4) Children	Nepoată
5) Grandparents	Părinți
6) Spouse	Adopție
7) Marriage	Prietenie
8) Love	Rudeni
9) Friendship	Familie
10) Relatives	Copii
11) In-laws	Veri
12) Divorce	Dragoste
13) Adoption	Căsătorie
14) Cousins	Socri
15) Niece	Bunici

Correct Answers:

1. Family - Familie
2. Parents - Părinți
3. Siblings - Frați și surori
4. Children - Copii
5. Grandparents - Bunici
6. Spouse - Soț/Soție
7. Marriage - Căsătorie
8. Love - Dragoste
9. Friendship - Prietenie
10. Relatives - Rudeni
11. In-laws - Socri
12. Divorce - Divorț
13. Adoption - Adopție
14. Cousins - Veri
15. Niece - Nepoată

TECHNOLOGY & COMMUNICATION

- USING TECHNOLOGY-RELATED PHRASES -
- INTERNET ACCESS AND COMMUNICATION TOOLS -
- TROUBLESHOOTING TECHNICAL ISSUES -

Using Technology

756. I use my smartphone for various tasks.
Folosesc smartphone-ul meu pentru diverse sarcini.
(Fo-lo-sesk smahrt-foh-nul mey-u pen-tru dee-ver-seh sar-chee-nee.)

757. The computer is an essential tool in my work.
Calculatorul este un instrument esenţial în munca mea.
(Kal-koo-la-toh-rul es-te oon in-stru-ment es-en-ţee-al în moon-ka meh-ah.)

758. I'm learning how to code and develop software.
Învăţ să programez şi să dezvolt software.
(În-veţ se pro-gra-mez shi se dez-volt soft-vare.)

759. My tablet helps me stay organized.
Tableta mea mă ajută să mă organizez.
(Ta-ble-ta meh-ah mă ah-oo-tă să mă or-ga-nee-zeh.)

760. I enjoy exploring new apps and software.
Îmi place să explorez aplicaţii noi şi software.
(Îmee plah-che să eks-plo-rez ap-li-ka-ţee noy shi soft-vare.)

Fun Fact: Ancient Romania was known as Dacia.

761. Smartwatches are becoming more popular.
Ceasurile inteligente devin din ce în ce mai populare.
(Chah-soo-ri-le in-te-li-gent-e deh-veen deen che în che my pop-oo-lah-re.)

762. Virtual reality technology is fascinating.
Tehnologia realității virtuale este fascinantă.
(*Teh-no-lo-gee-ah re-ah-li-tă-țee-ee vir-too-ah-leh es-te fas-chi-nan-tă.*)

763. Artificial intelligence is changing industries.
Inteligența artificială schimbă industriile.
(*In-te-li-gen-ța ar-ti-fi-ci-a-lă skeem-bă in-dus-tree-e-le.*)

764. I like to customize my gadgets.
Îmi place să personalizez gadgeturile mele.
(*Îmee plah-che să per-so-na-leez gad-je-too-ru-le meh-le.*)

765. E-books have replaced physical books for me.
Cărțile electronice au înlocuit cărțile fizice pentru mine.
(*Kăr-țee-leh elek-tro-nee-cheh ow în-lo-koo-eet kăr-țee-leh fee-zee-cheh pen-tru mee-ne.*)

766. Social media platforms connect people worldwide.
Platformele de social media conectează oameni din întreaga lume.
(*Plat-for-me-leh deh so-see-al meh-dee-ah ko-nek-te-ah-ză oh-ah-men-ee deen în-tre-ah-gah loo-meh.*)

767. I'm a fan of wearable technology.
Sunt fan al tehnologiei purtabile.
(*Soont fan al teh-no-lo-gee-ee poor-tah-bee-leh.*)

768. The latest gadgets always catch my eye.
Cele mai recente gadgeturi îmi atrag mereu atenția.
(*Che-leh my re-chen-teh gad-je-too-ree îmee a-trag meh-reh-oo ah-ten-țee-ah.*)

769. My digital camera captures high-quality photos.
Aparatul meu digital face fotografii de înaltă calitate.
(*A-pa-ra-tool meh-oo dee-ghee-tal fa-che fo-to-gra-fee-ah de ee-nal-tă ka-lee-tah-teh.*)

770. Home automation simplifies daily tasks.
Automatizarea casei simplifică sarcinile zilnice.
(*Au-to-ma-ti-za-re-ah ka-sei sim-plee-fee-că sar-chee-nee-leh zil-nee-che.*)

771. I'm into 3D printing as a hobby.
Am ca hobby imprimarea 3D.
(*Am kah hob-bee im-pree-ma-re-ah tre-dee.*)

772. Streaming services have revolutionized entertainment.
Serviciile de streaming au revoluționat divertismentul.
(*Ser-vee-chee-ee-le de stream-ing ow re-vo-loo-țio-nat dee-ver-tees-ment-ool.*)

773. The Internet of Things (IoT) is expanding.
Internetul Lucrurilor (IoT) se extinde.
(*In-ter-ne-tool Loo-croo-rilor (IoT) seh eks-teen-deh.*)

774. I'm into gaming, both console and PC.
Sunt pasionat de jocuri, atât pe consolă cât și pe PC.
(*Soont pah-see-o-nat deh jo-coo-ree, ah-tât peh kon-so-lă kât shi peh PC.*)

775. Wireless headphones make life more convenient.
Căștile wireless fac viața mai convenabilă.
(*Kăș-tee-leh wireless fak vee-ahța my kon-veh-nah-bi-lă.*)

Fun Fact: The Romanian Cyrillic Alphabet was used until the late 19th century.

776. Cloud storage is essential for my work.
Stocarea în cloud este esențială pentru munca mea.
(Sto-ka-re-ah în cloud es-teh es-en-ția-lă pen-troo moon-ka meh-ah.)

> **Travel Story:** In a Constanta cafe, a local described the Black Sea as "oglinda sufletului," or "the mirror of the soul."

Internet Access and Communication Tools

777. I rely on high-speed internet for work.
Mă bazez pe internet de mare viteză pentru munca mea.
(Mă bah-zehz peh in-ter-net deh mah-reh vee-teh-ză pen-troo moon-ka meh-ah.)

778. Video conferencing is crucial for remote meetings.
Conferințele video sunt cruciale pentru întâlnirile la distanță.
(Kon-feh-rin-țe-leh vee-deh-oh soont croo-chi-ah-leh pen-troo în-tâl-neer-e-le lah dees-tan-ță.)

779. Social media helps me stay connected with friends.
Retelele sociale mă ajută să rămân conectat cu prietenii.
(Re-te-le-leh so-cha-leh mă ah-oo-tă să ră-mân ko-nek-tat koo pree-e-te-nee.)

780. Email is my primary mode of communication.
E-mailul este principalul meu mod de comunicare.
(Ee-mai-ool es-teh pring-chee-pah-lool meh-oo mod deh ko-moo-ni-ka-reh.)

781. I use messaging apps to chat with family.
Folosesc aplicații de mesagerie pentru a conversa cu familia.
(Fo-lo-sesk a-plee-ka-tsee deh meh-sa-je-ree pen-troo ah kon-ver-sah koo fa-mee-lee-ah.)

782. Voice and video calls keep me in touch with loved ones.
Apelurile vocale și video mă mențin în contact cu cei dragi.
(A-pe-loo-rile vo-ka-le shi vee-de-o mă men-tsin în kon-takt koo chey dra-gee.)

783. Online forums are a great source of information.
Forumurile online sunt o sursă excelentă de informații.
(Fo-roo-moo-rile on-line soont o soor-să eks-e-len-tă deh in-for-ma-tsee-ee.)

784. I trust encrypted messaging services for privacy.
Am încredere în serviciile de mesagerie criptate pentru intimitate.
(Am în-kre-deh-re în ser-vee-tsee-ee-le deh meh-sa-je-ree krip-tah-te pen-troo in-tee-mee-tah-te.)

785. Webinars are a valuable resource for learning.
Webinariile sunt o resursă valoroasă pentru învățare.
(Web-ee-na-ree-ee-le soont o re-soor-să va-lo-roa-să pen-troo în-vă-țah-re.)

> **Idiomatic Expression:** "A fi ca găina la cotet." -
> Meaning: "To be very anxious."
> (Literal translation: "To be like a hen at the coop.")

786. VPNs enhance online security and privacy.
VPN-urile îmbunătățesc securitatea și confidențialitatea online.
(Vee-Pee-En-oo-rile îm-boo-nă-tăț-esc se-koo-ree-tah-te-ah shi kon-fi-den-ți-a-li-tah-te-ah on-line.)

787. Cloud-based collaboration tools are essential for teamwork.
Instrumentele de colaborare bazate pe cloud sunt esențiale pentru munca în echipă.
(Een-stroo-men-te-le deh ko-la-bo-ra-re ba-zah-te peh cloud soont es-en-ți-a-le pen-troo moon-kah în eh-kee-pă.)

788. I prefer using a wireless router at home.
Prefer să folosesc un router wireless acasă.
(Preh-fer să fo-lo-sesk oon roo-ter wireless ah-ka-să.)

789. Online banking simplifies financial transactions.
Banca online simplifică tranzacțiile financiare.
(Bank-ah on-line sim-plee-fee-că tran-zak-tsee-ee-leh fee-nan-tsee-ah-reh.)

> **Fun Fact:** Emil Cioran was a leading Romanian philosopher known for his works on existentialism and nihilism.

790. VoIP services are cost-effective for international calls.
Serviciile VoIP sunt eficiente din punct de vedere costuri pentru apeluri internaționale.
(Ser-vee-tsee-ee-leh Vo-ee-Pe soont eh-fee-tchen-te deen poonkt deh ve-deh-re kos-toori pen-troo ah-pe-loo-ree in-ter-na-ți-o-na-le.)

791. I enjoy online shopping for convenience.
Îmi place să fac cumpărături online pentru comoditate.
(Îmee pla-che să fak koom-pă-ră-too-ree on-line pen-troo ko-mo-dee-tah-teh.)

792. Social networking sites connect people globally.
Site-urile de rețele sociale conectează oamenii la nivel global.
(See-te-oo-ree-le deh re-tse-le so-cha-le kon-ek-te-ah-ză o-ah-me-nee lah nee-vel glo-bal.)

793. E-commerce platforms offer a wide variety of products.
Platformele de comerț electronic oferă o varietate largă de produse.
(Plat-for-me-leh deh ko-merț e-lek-tro-neek oh-feh-ră o vah-ree-e-tah-te lah-r-gă deh pro-doo-seh.)

> **Idiomatic Expression:** "A avea inimă de leu." -
> Meaning: "To be very brave."
> (Literal translation: "To have the heart of a lion.")

794. Mobile banking apps make managing finances easy.
Aplicațiile de mobile banking fac gestionarea finanțelor ușoară.
(A-plee-kah-tsee-i-leh deh mo-bee-le banking fak ges-tyo-na-re-ah feen-an-tse-lor ooh-sho-ah-ră.)

795. I'm active on professional networking sites.
Sunt activ pe site-urile de networking profesional.
(Soont ak-teev peh see-te-oo-ree-le deh net-wor-king pro-fe-syo-nal.)

796. Virtual private networks protect my online identity.
Rețelele virtuale private protejează identitatea mea online.
(Re-te-le-le vir-too-ah-le pri-vah-te pro-te-jahz i-den-ti-tah-te-ah meh-ah on-line.)

797. Instant messaging apps are great for quick chats.
Aplicațiile de mesagerie instant sunt excelente pentru discuții rapide.
(A-plee-kah-tsee-i-leh deh me-sa-je-ree in-stant soont eks-che-len-te pen-troo dis-koo-tsee ra-pee-deh.)

> **Cultural Insight:** Romanian cuisine is diverse and influenced by numerous cultures, with dishes like "mămăligă," "sarmale," and "mititei."

Troubleshooting Technical Issues

798. My computer is running slow; I need to fix it.
Calculatorul meu funcționează lent; trebuie să-l repar.
(Kal-ku-la-to-rul meh-oo funk-tsee-o-nează lent; tre-boo-eh să-l re-par.)

799. I'm experiencing network connectivity problems.
Întâmpin probleme de conectivitate la rețea.
(În-tâmp-een pro-blem-e deh ko-nek-ti-vi-tah-te lah re-te-ah.)

800. The printer isn't responding to my print commands.
Imprimanta nu răspunde la comenzile mele de tipărire.
(Im-pree-man-tah noo ră-spoon-de lah ko-menz-ee-le me-le deh tee-pă-ree-reh.)

> **Fun Fact:** Sarmale is a traditional Romanian dish of cabbage rolls filled with meat.

801. My smartphone keeps freezing; it's frustrating.
Smartphone-ul meu se blochează constant; este frustrant.
(Smart-fohn-ool meh-oo seh blo-ke-ah-ză kon-stant; es-te frus-trant.)

802. The Wi-Fi signal in my house is weak.
Semnalul Wi-Fi din casa mea este slab.
(Sem-na-lul Vee-Fee deen kah-sah meh-ah es-te slab.)

803. I can't access certain websites; it's a concern.
Nu pot accesa anumite site-uri web; este o preocupare.
(Noo pot ak-se-sah ah-noo-mee-te see-te-oo-ree web; es-te o pre-oh-ku-pah-reh.)

804. My laptop battery drains quickly; I need a solution.
Bateria laptopului meu se descarcă rapid; am nevoie de o soluție.
(Ba-te-ree-a la-top-oo-loo-ee me-oo seh des-kar-kă ra-pid; am neh-voy-eh deh o so-loo-ți-e.)

805. There's a software update available for my device.
Există un update de software disponibil pentru dispozitivul meu.
(Eks-is-tă oon up-date deh soft-ware dis-po-nee-bil pen-troo dis-po-zee-ti-vool me-oo.)

806. My email account got locked; I need to recover it.
Contul meu de e-mail a fost blocat; trebuie să-l recuperez.
(Kon-tool me-oo deh e-mail ah fost blo-kat; tre-boo-eh să-l re-koo-peh-rez.)

> **Fun Fact:** Mărțișor is a spring tradition on March 1, where people give small gifts with red and white strings.

807. The screen on my tablet is cracked; I'm upset.
Ecranul tabletei mele este crăpat; sunt supărat.
(Eh-kra-nool tah-ble-tei meh-leh es-te kră-pat; soont soo-pă-rat.)

808. My webcam isn't working during video calls.
Webcamul meu nu funcționează în timpul apelurilor video.
(Web-kam-ool me-oo noo foonk-tsee-o-nează în tim-pool ah-pe-loo-ril-or vi-de-o.)

809. My phone's storage is almost full; I need to clear it.
Memoria telefonului meu este aproape plină; trebuie să o golesc.
(Me-mo-ree-a te-le-fo-noo-loo-ee me-oo es-te ah-proa-peh plee-nă; tre-boo-eh să o go-lesk.)

810. I accidentally deleted important files; I need help.
Am șters accidental fișiere importante; am nevoie de ajutor.
(*Am sh-ters ak-see-den-tal fee-she-e-re im-por-tan-te; am neh-voy-eh deh ah-zhoo-tor.*)

> **Fun Fact:** Romanian Orphans Study - A pivotal study in developmental psychology conducted on children adopted from Romanian orphanages.

811. My smart home devices are not responding.
Dispozitivele mele smart home nu răspund.
(*Dis-po-zi-tee-veh-le meh-leh smart ho-me noo răs-pund.*)

812. The GPS on my navigation app is inaccurate.
GPS-ul din aplicația mea de navigare este inexact.
(*Jee-Pe-Ess-ool deen ah-plee-kah-ți-a meh-ah deh na-vi-ga-re es-te e-ne-xakt.*)

813. My antivirus software detected a threat; I'm worried.
Programul meu antivirus a detectat o amenințare; sunt îngrijorat.
(*Pro-gram-ool me-oo an-tee-vi-rus ah de-tek-tat o ah-men-in-ța-re; soont în-gree-zho-rat.*)

814. The touchscreen on my device is unresponsive.
Ecranul tactil al dispozitivului meu nu răspunde.
(*Eh-kra-nool tak-til al dis-po-zi-ti-voo-loo-ee me-oo noo răs-pun-de.*)

815. My gaming console is displaying error messages.
Consola mea de jocuri afișează mesaje de eroare.
(*Kon-so-lah meh-ah deh zho-koo-ree ah-fi-shay-a-ză me-sa-jeh deh e-ro-a-re.*)

816.   I'm locked out of my social media account.
        Sunt blocat din contul meu de social media.
        (*Soont blo-kat deen kon-tool me-oo deh so-see-al me-di-a.*)

817.   The sound on my computer is distorted.
        Sunetul de pe computerul meu este distorsionat.
        (*Soo-ne-tool deh peh kom-poo-teh-rool me-oo es-teh dis-tor-see-o-naht.*)

818.   My email attachments won't open; it's frustrating.
        Ataşamentele mele de email nu se deschid; este frustrant.
        (*Ah-tah-shah-men-teh-leh meh-leh deh e-mail noo seh des-kid; es-teh froos-trant.*)

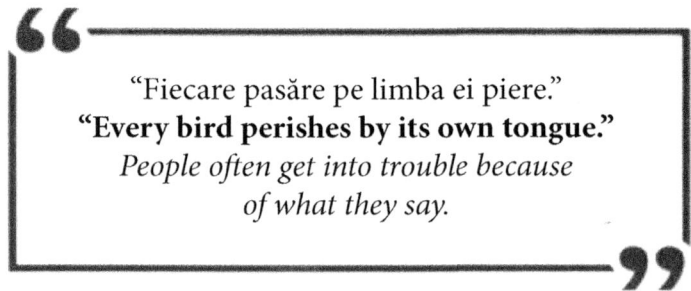

"Fiecare pasăre pe limba ei piere."
"Every bird perishes by its own tongue."
People often get into trouble because of what they say.

Cross Word Puzzle: Technology & Communication

(Provide the English translation for the following Romanian words)

Down

1. - BROWSER
3. - INTERNET
6. - INTRARE
7. - ROUTER
9. - COMPUTER
11. - CRIPTOLOGIE
12. - TASTATURĂ
14. - DATE
13. - ÎNCĂRCĂTOR

Across

2. - IMPRIMANTĂ
4. - ECRAN
5. - ÎNCĂRCĂTOR
8. - REȚEA
9. - NOR
10. - WEBCAM
13. - BATERIE
15. - APLICAȚII

Correct Answers:

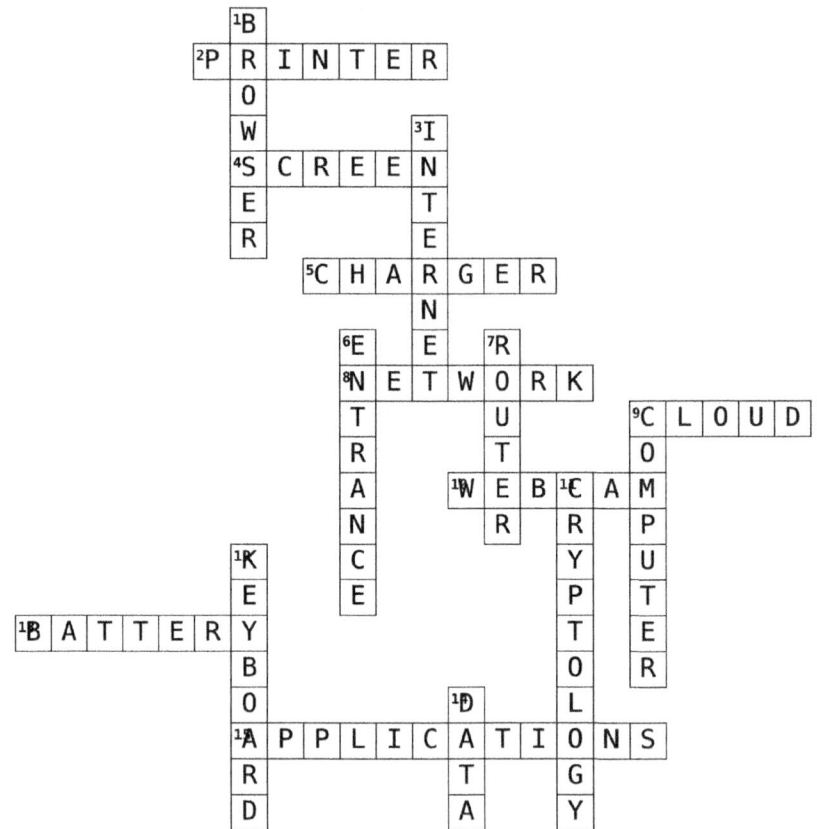

SPORTS & RECREATION

- DISCUSSING SPORTS, GAMES, & OUTDOOR ACTIVITIES -
- PARTICIPATING IN RECREATIONAL ACTIVITIES -
- EXPRESSING ENTHUSUASM OR FRUSTRATION -

Sports, Games, & Outdoor Activities

819.   I love playing soccer with my friends.
Îmi place să joc fotbal cu prietenii mei.
(Eem plo-che să jok fot-bal koo pree-eh-teh-nee my.)

820.   Basketball is a fast-paced and exciting sport.
Baschetul este un sport rapid și incitant.
(Bah-shke-tool es-teh oon sport ra-peed she een-chee-tahnt.)

821.   Let's go for a hike in the mountains this weekend.
Să mergem la drumeție în munți weekend-ul acesta.
(Sah mer-jem lah droo-meh-tee-eh în moon-tee week-end-ool ah-che-stah.)

822.   Playing chess helps improve my strategic thinking.
Să joc șah ajută la îmbunătățirea gândirii strategice.
(Sah jok shah ah-joo-tah lah eem-boo-nah-tah-tee-reah gând-dee-ee stra-teh-jee-che.)

823.   I'm a fan of tennis; it requires a lot of skill.
Sunt fan al tenisului; necesită multă îndemânare.
(Soont fahn ahl teh-nees-oo-loo; neh-che-see-tah mool-tah eendeh-muh-nah-reh.)

Fun Fact: Romanian is the closest modern language to Latin.

824.   Are you up for a game of volleyball at the beach?
Ești pentru un joc de volei pe plajă?
(Yesht pee-en-troo oon jok deh vo-le-y peh pla-jah?)

825. Baseball games are a great way to spend the afternoon.
Meciurile de baseball sunt o modalitate excelentă de a petrece după-amiaza.
(Meh-choo-ree-leh deh baseball soont oh moh-dah-lee-tah-teh eks-chell-ent-ah deh ah peh-treh-che doo-pah ah-mee-ah-zah.)

826. Camping in the wilderness is so peaceful.
Campingul în sălbăticie este atât de liniștitor.
(Campin-gool în sal-bah-tee-chee es-teh ah-taht deh leen-eesh-tee-tor.)

827. I enjoy swimming in the local pool.
Îmi place să înot în piscina locală.
(Eem plo-che să ee-not în pees-chee-nah lo-kah-lah.)

828. Let's organize a game of ultimate frisbee.
Să organizăm un joc de ultimate frisbee.
(Sah or-gah-nee-zahm oon jok deh ul-tee-mah-teh fris-bee.)

829. I'm learning to play the guitar in my free time.
Învăț să cânt la chitară în timpul meu liber.
(Eenvaht să kânt lah kee-tah-rah în teem-pool my-oo lee-ber.)

830. Skiing in the winter is an exhilarating experience.
Schiatul iarna este o experiență palpitantă.
(Skee-ah-tool ee-ahr-nah es-teh oh eks-pe-ree-en-tzah pal-pee-tahn-tah.)

831. Going fishing by the lake is so relaxing.
Să pescuiești pe lac este atât de relaxant.
(Sah pehs-kwee-esh-tee peh lak es-teh ah-taht deh re-lah-ksant.)

832. We should have a board game night with friends.
Ar trebui să avem o seară de jocuri de societate cu prieteni.
(Ar tre-boo-ee să ah-vehm oh se-ah-rah deh jo-coo-ree deh so-chee-eh-tah-teh koo pree-eh-teh-nee.)

833. Martial arts training keeps me fit and disciplined.
Antrenamentul în arte marțiale mă menține în formă și disciplinat.
(An-tre-na-men-tul în ar-te mar-tziale mah men-teen-e în for-mah she dis-ci-pli-nat.)

834. I'm a member of a local running club.
Sunt membru al unui club de alergare local.
(Soont mem-broo al oon-oo-e cloob deh ah-le-gah-reh lo-kal.)

835. Playing golf is a great way to unwind.
Să joc golf este o modalitate minunată de relaxare.
(Sah jok golf es-teh oh mo-da-lee-tah-teh mee-noo-nah-tah deh re-lah-xah-reh.)

> **Idiomatic Expression:** "A da de belea." -
> Meaning: "To get into trouble."
> (Literal translation: "To find trouble.")

836. Yoga classes help me stay flexible and calm.
Clasele de yoga mă ajută să rămân flexibil și calm.
(Klah-se-leh deh yo-gah mah ah-oo-tah sah rah-moon flek-see-beel she kahlm.)

837. I can't wait to go snowboarding this season.
Abia aștept să merg la snowboarding în acest sezon.
(Ah-bee-ah ash-tept sah merg lah snow-boarding în ah-chest seh-zon.)

838. Going kayaking down the river is an adventure.
Să mergi cu caiacul pe râu este o aventură.
(Sah merj koo kai-ah-kool peh righ es-teh oh ah-ven-too-rah.)

839. Let's organize a picnic in the park.
Să organizăm un picnic în parc.
(Sah or-gah-nee-zahm oon pee-neek în pahrk.)

Participating in Recreational Activities

840. I enjoy painting landscapes as a hobby.
Îmi place să pictez peisaje ca un hobby.
(Eem plo-che sah peek-tez pay-sahj kah oon hob-bee.)

841. Gardening is a therapeutic way to spend my weekends.
Grădinăritul este o modalitate terapeutică de a-mi petrece weekend-urile.
(Grah-dee-nah-ree-tool es-teh oh mo-da-lee-tah-teh teh-ra-poo-tee-kah deh ah-mee peh-treh-che weh-kend-oo-reh-leh.)

842. Playing the piano is my favorite pastime.
Să cânt la pian este activitatea mea preferată.
(Sah kuhnt lah pee-an es-teh ak-tee-vee-tah-teh meh-ah preh-feh-rah-tah.)

843. Reading books helps me escape into different worlds.
Cititul cărților mă ajută să evad în lumi diferite.
(Tchee-teetool kahr-tzih-lor mah ah-oo-tah sah eh-vahd în loo-mee dee-feh-ree-teh.)

844. I'm a regular at the local dance classes.
Sunt un participant regulat la clasele de dans locale.
(Soont oon par-tee-tchee-pant reh-goo-lat lah klah-se-leh deh dans lo-kah-leh.)

Fun Fact: Moldovita Monastery is known for its vibrant frescoes depicting biblical scenes.

845. Woodworking is a skill I've been honing.
Tâmplăria este o abilitate pe care am perfecționat-o.
(Tum-plah-ree-ah es-teh oh ah-bee-lee-tah-teh peh kah-reh ahm per-fek-tsee-o-naht-oh.)

846. I find solace in birdwatching at the nature reserve.
Găsesc alinare observând păsările în rezervația naturală.
(*Gă-sesk ah-lee-nah-reh ob-ser-vund puh-suh-ree-le în reh-zer-vah-tsee-ah nah-too-rah-lah.*)

847. Meditation and mindfulness keep me centered.
Meditația și atenția plenară mă mențin centrat.
(*Meh-dee-tah-tsee-ah she ah-ten-tsee-ah pleh-nah-rah mah men-teen cen-trat.*)

848. I've taken up photography to capture moments.
Am început fotografia pentru a capta momente.
(*Am een-che-put fo-to-grah-fee-ah pen-troo ah kap-tah mo-men-teh.*)

849. Going to the gym is part of my daily routine.
Mersul la sala de fitness este parte din rutina mea zilnică.
(*Mer-sool lah sah-lah deh fit-ness es-teh par-teh deen roo-tee-nah me-ah zeel-nee-că.*)

850. Cooking new recipes is a creative outlet for me.
Gătitul de rețete noi este o evadare creativă pentru mine.
(*Guh-teet-ool deh ret-ze-teh noy es-teh oh eh-va-dah-reh kre-ah-tee-vă pen-troo mee-neh.*)

851. Building model airplanes is a fascinating hobby.
Construirea de modele de avioane este un hobby fascinant.
(*Cons-tree-oo-ree-ah deh mo-deh-leh deh ah-vee-oa-neh es-teh oon hob-bee fas-chi-nant.*)

852. I love attending art exhibitions and galleries.
Îmi place să particip la expoziții de artă și galerii.
(*Eem plo-che să par-tee-chip lah eks-poh-zee-tsee deh ar-tă she ga-leh-ree.*)

853. Collecting rare stamps has been a lifelong passion.
Colectarea de timbre rare a fost o pasiune pe tot parcursul vieții.
(*Ko-lek-tah-reah deh teemb-reh rah-reh ah fost oh pah-see-ooh-neh peh tot par-koor-sool vyeh-tsee.*)

854. I'm part of a community theater group.
Fac parte dintr-un grup de teatru comunitar.
(*Fahk par-teh deen-troon groop deh te-ah-troo ko-moo-nee-tar.*)

855. Birdwatching helps me connect with nature.
Observarea păsărilor mă ajută să mă conectez cu natura.
(*Ob-ser-vah-reah puh-suh-ree-lor mah ah-oo-tah să mah ko-nek-tez koo nah-too-rah.*)

856. I'm an avid cyclist and explore new trails.
Sunt un ciclist pasionat și explorez noi trasee.
(*Soont oon chee-kleest pah-see-o-nat she eks-plo-rez noy trah-seh-eh.*)

857. Pottery classes allow me to express myself.
Cursurile de olărit îmi permit să mă exprim.
(*Koor-soo-reh-leh deh oh-lah-reet eem per-meet să mah eks-preem.*)

858. Playing board games with family is a tradition.
Să joc jocuri de societate cu familia este o tradiție.
(*Sah jok joh-kooree deh so-chee-e-tah-teh koo fa-mee-lee-ah es-teh oh trah-dee-tsee-eh.*)

859. I'm practicing mindfulness through meditation.
Practic conștientizare prin meditație.
(*Prahk-teek kohn-shtyen-tee-zah-reh preen meh-dee-tah-tsee-eh.*)

860. I enjoy long walks in the park with my dog.
Îmi place să fac plimbări lungi în parc cu câinele meu.
(Eem plo-che să fak pleem-buh-ree loon-gee în park koo kuh-ee-ne-leh meh-oo.)

> **Travel Story:** At a folklore festival in Iași, a dancer explained, "Fiecare pas spune o poveste," meaning "Each step tells a story."

Expressing Enthusiasm or Frustration

861. I'm thrilled we won the championship!
Sunt entuziasmat că am câştigat campionatul!
(Soont en-too-zee-as-mat kuh ahm kush-ti-gat kam-pee-o-nah-tool!)

862. Scoring that goal felt amazing.
Să marchez acel gol a fost senzaţional.
(Sah mar-kez ah-chel gol ah fost sen-zah-tsee-o-nal.)

863. It's so frustrating when we lose a game.
E atât de frustrant când pierdem un meci.
(E ah-taht deh froo-strant kund pee-er-dem oon mech.)

864. I can't wait to play again next week.
Abia aştept să joc din nou săptămâna viitoare.
(Ah-bee-ah ush-tept să jok deen no-oo sep-tuh-muh-nah vee-to-ah-reh.)

> **Fun Fact:** The oldest Homo sapiens remains in Europe were discovered in a cave in Romania.

865. Our team's performance was outstanding.
Performanța echipei noastre a fost excepțională.
(Per-for-man-tsa eh-keep-ay no-ah-streh ah fost eks-chep-tsee-o-nah-lah.)

866. We need to practice more; we keep losing.
Trebuie să ne antrenăm mai mult; tot pierdem.
(Treh-boo-ee-eh să neh an-treh-nem mye moolt; toht pee-er-dem.)

867. I'm over the moon about our victory!
Sunt în al nouălea cer de bucurie pentru victoria noastră!
(Soont în al no-uh-leh-ah cher deh boo-koo-ree-eh pen-troo vee-kto-ree-ah no-ah-strah!)

> **Language Learning Tip:** Set Realistic Goals - Set achievable goals for your language learning.

868. I'm an avid cyclist and explore new trails.
Sunt un ciclist pasionat și explorez noi trasee.
(Soont oon chee-kleest pah-see-o-nat she eks-plo-rez noy trah-seh-eh.)

869. The referee's decision was unfair.
Decizia arbitrului a fost nedreaptă.
(Deh-kee-zee-ah ah-rbee-troo-lee-oo ah fost neh-dreap-tah.)

870. We've been on a winning streak lately.
Am avut o serie de victorii recent.
(Am ah-voot o seh-ree-eh deh vee-kto-ree-eh reh-chent.)

871. I'm disappointed in our team's performance.
Sunt dezamăgit de performanța echipei noastre.
(Soont deh-zah-muh-geet deh per-for-man-tsa eh-keep-ay no-ah-streh.)

872. The adrenaline rush during the race was incredible.
Senzația de adrenalină în timpul cursei a fost incredibilă.
(Sen-zah-țee-ah deh ad-reh-nah-leen-ă în teem-pool coor-say ah fost in-creh-dee-bee-lah.)

873. We need to step up our game to compete.
Trebuie să ne îmbunătățim jocul pentru a concura.
(Tre-boo-yeh să neh îm-boo-nuh-tuh-țeem jok-ool pen-troo ah kon-koo-rah.)

> **Idiomatic Expression:** "A face pe dracu-n patru." - Meaning: "To make a great effort."
> (Literal translation: "To make the devil into four.")

874. Winning the tournament was a dream come true.
Câștigarea turneului a fost un vis devenit realitate.
(Kush-ti-gah-reah toor-neh-oo-lee ah fost oon vees deh-veh-neet reh-ah-lee-tah-teh.)

875. I was so close to scoring a goal.
Eram atât de aproape să marchez un gol.
(Eh-rahm ah-taht deh ah-pro-ah-peh să mar-kez oon gol.)

876. We should celebrate our recent win.
Ar trebui să sărbătorim recenta noastră victorie.
(Ar tre-boo-ee să săr-buh-toh-reem reh-chen-tah no-ah-strah veek-toh-ree-eh.)

877. Losing by a narrow margin is frustrating.
Pierderea cu un scor strâns este frustrantă.
(Pyehr-deh-reah koo oon skor strâns es-teh froos-trahn-tah.)

878. Let's train harder to improve our skills.
Să ne antrenăm mai intens pentru a ne îmbunătăți abilitățile.
(Sah neh ahn-treh-nahm my in-tens pen-troo ah neh îm-boo-nuh-tuh-ți ah-bee-lee-tuh-țee-leh.)

879. The match was intense from start to finish.
Meciul a fost intens de la început până la sfârşit.
(*Meh-choo-ul ah fost in-tens deh lah în-cheh-poot puh-nah lah sfâr-shit.*)

880. I'm proud of our team's sportsmanship.
Sunt mândru de spiritul sportiv al echipei noastre.
(*Soont mân-droo deh spee-ree-tool spor-teev ahl eh-keep-ay no-ah-streh.*)

881. We've faced tough competition this season.
Am întâmpinat o competiţie dificilă în acest sezon.
(*Am în-tâm-pee-nat oh kom-pe-ti-ţee dee-fee-chee-lah în ah-chest seh-zohn.*)

882. I'm determined to give it my all in the next game.
Sunt hotărât să dau totul în următorul joc.
(*Soont ho-tuh-rât să dow toh-tool în oor-muh-toh-rool jok.*)

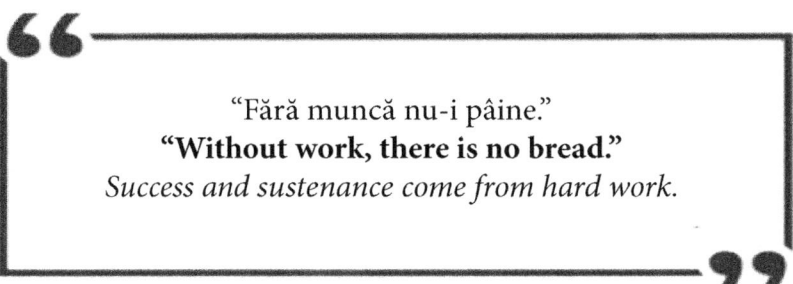

"Fără muncă nu-i pâine."
"Without work, there is no bread."
Success and sustenance come from hard work.

Mini Lesson:
Basic Grammar Principles in Romanian #3

Introduction:

Welcome to the third part of our Romanian grammar series. This lesson builds upon the foundational and intermediate knowledge from previous lessons, focusing on more complex aspects of Romanian grammar. Understanding these advanced concepts is crucial for achieving a nuanced comprehension and effective communication in Romanian, enhancing your ability to express yourself more precisely and fluently.

1. Particles:

In Romanian, verbs can be combined with particles, creating phrasal verbs that often convey meanings not directly derived from the individual words.

- *A ieși afară (to go out)*
- *A pune pe (to turn on)*
- *A lua de pe (to take off)*

2. Word Formation:

Romanian allows for the creation of compound words, merging multiple words into one to form new meanings.

- *Dinte + perie = Periuță de dinți (toothbrush)*
- *Scrie + masă = Birou (desk)*

3. Conditional Sentences:

Conditional sentences in Romanian typically use "dacă" (if) and the conditional or future tense of the verb.

- *Dacă aş avea bani, aş călători. (If I had money, I would travel.)*
- *Dacă plouă, vom sta acasă. (If it rains, we will stay home.)*

4. Reported Speech:

Romanian often employs a change in verb tense to convey reported speech, similar to English.

- *El spune că este obosit. (He says he is tired.)*
- *Ea a spus că mâncase. (She said that she had eaten.)*

5. Reflexive Possessive Pronouns:

Romanian uses reflexive possessive pronouns to clearly indicate ownership related to the subject of the sentence.

- *El îşi spală maşina. (He washes his [own] car.)*
- *Ei îşi repară acoperişul. (They repair their [own] roof.)*

6. The Passive Form:

In Romanian, the passive voice is often formed using the auxiliary verb "a fi" (to be) along with the past participle of the main verb.

- *Scrisoarea este trimisă astăzi. (The letter is being sent today.)*
- *Casa a fost construită în anii 1920. (The house was built in the 1920s.)*

7. Subjunctive Mood:

The subjunctive mood in Romanian is used in certain expressions, especially to express wishes, doubts, or hypothetical situations.

- *Trăiască regele! (Long live the king!)*
- *Dacă aş fi bogat... (If I were rich...)*

Conclusion:

Mastering these advanced Romanian grammar principles will allow you to articulate more complex thoughts and deepen your understanding of both spoken and written Romanian. Regular practice, along with engagement in Romanian language media and culture, is key to effectively internalizing these concepts. Mult succes! (Good luck!)

TRANSPORT & DIRECTIONS

- ASKING FOR AND GIVING DIRECTIONS -
- USING TRANSPORTATION-RELATED PHRASES -

Asking for and Giving Directions

883. Can you tell me how to get to the nearest subway station?
Îmi poți spune cum să ajung la cea mai apropiată stație de metrou?
(*Eem poh-tsee spoo-neh koom să ah-joong lah che-ah my ah-pro-pee-ah-tah sta-țee-eh deh meh-trow?*)

884. Excuse me, where's the bus stop for Route 25?
Scuzați, unde este stația de autobuz pentru ruta 25?
(*Skoo-zah-tsee, oon-deh yes-teh sta-țee-ah deh ow-toh-booz pen-troo roo-tah dooă-zeh-chee?*)

885. Could you give me directions to the city center?
Îmi poți da indicații către centrul orașului?
(*Eem poh-tsee dah in-dee-kah-țee-ee kuh-treh chen-trool oh-ră-show-oo-loo-ee?*)

886. I'm looking for a good place to eat around here. Any recommendations?
Caut un loc bun de mâncat pe aici. Aveți vreo recomandare?
(*Kowt oon lok boon deh mâhn-kaht peh ah-eech. Ah-veh-tsee vreh-oh reh-ko-man-dah-reh?*)

887. Which way is the nearest pharmacy?
În ce direcție este cea mai apropiată farmacie?
(*Een cheh dee-rek-țee-eh yes-teh che-ah my ah-pro-pee-ah-tah far-mah-chee-eh?*)

888. How do I get to the airport from here?
Cum ajung la aeroport de aici?
(*Koom ah-joong lah ah-eh-ro-port deh ah-eech?*)

889. Can you point me to the nearest ATM?
Îmi poți indica cel mai apropiat bancomat?
(*Eem poh-tsee in-dee-kah chel my ah-pro-pee-aht ban-ko-maht?*)

890. I'm lost. Can you help me find my way back to the hotel?
M-am rătăcit. Mă poți ajuta să găsesc drumul înapoi la hotel?
(*M-am ră-tă-cheet. Mă poh-tsee ah-oo-tah să gă-sesk droo-mool ee-nah-poy lah ho-tell?*)

891. Where's the closest gas station?
Unde este cea mai apropiată benzinărie?
(*Oon-deh yes-teh che-ah my ah-pro-pee-ah-tah ben-zee-nă-ree-eh?*)

892. Is there a map of the city available?
Există un harta orașului disponibilă?
(*Ex-ees-tă oon har-tah oh-ră-show-loo-ee dis-po-nee-bee-lă?*)

893. How far is it to the train station from here?
Cât de departe este gara de aici?
(*Kaht deh deh-par-teh yes-teh ga-rah deh ah-eech?*)

894. Which exit should I take to reach the shopping mall?
Care ieșire ar trebui să o iau pentru a ajunge la centrul comercial?
(*Kah-reh ye-shee-reh ar tre-boo-ee să oh ee-ow pen-troo ah ah-joong-eh lah chen-trull ko-mer-chee-al?*)

895. Where can I find a taxi stand around here?
Unde pot găsi un stand de taxiuri prin apropiere?
(*Oon-deh poht gă-see oon stahnd deh tak-see-oo-ree preen ah-pro-pee-eh-reh?*)

896. Can you direct me to the main tourist attractions?
Mă poți îndruma spre principalele atracții turistice?
(*Mă poh-tsee în-droo-mah spre prin-chee-pah-leh ah-trak- țee too-ris-tee-che?*)

> **Fun Fact:** Aurel Vlaicu built and flew some of the earliest successful aircraft.

897. I need to go to the hospital. Can you provide directions?
Trebuie să merg la spital. Îmi poți da indicații?
(*Tre-boo-ye să merge lah spee-tal. Eem poh-tsee dah in-dee-kah-țee?*)

898. Is there a park nearby where I can go for a walk?
Există un parc în apropiere unde pot merge la plimbare?
(*Ex-ees-tă oon park în ah-pro-pee-eh-reh oon-deh pot merge lah pleem-bah-reh?*)

899. Which street should I take to reach the museum?
Pe ce stradă ar trebui să merg pentru a ajunge la muzeu?
(*Peh cheh strah-dă ar tre-boo-ee să merge pen-troo ah ah-joon-jeh lah moo-zeh-oo?*)

900. How do I get to the concert venue?
Cum ajung la locația concertului?
(*Koom ah-joong lah loh-kah-țee-ah kon-chair-too-loo-oo?*)

901. Can you guide me to the nearest public restroom?
Îmi poți indica cel mai apropiat toaletă publică?
(*Eem poh-tsee in-dee-kah chel my ah-pro-pee-ah-t toh-ah-let-ă poo-blee-kă?*)

902.   Where's the best place to catch a cab in this area?
        Unde este cel mai bun loc de a prinde un taxi în această zonă?
        (*Oon-deh yes-teh chel my boon lok deh ah preen-deh oon tak-see
        în ah-ches-tă zoh-nă?*)

Buying Tickets

903.   I'd like to buy a one-way ticket to downtown, please.
        Aş dori să cumpăr un bilet doar dus spre centru, vă rog.
        (*Ash doh-ree să koom-păr oon bee-let doar doos spre chen-troo, vă
        rohg.*)

904.   How much is a round-trip ticket to the airport?
        Cât costă un bilet dus-întors la aeroport?
        (*Kaht kos-tă oon bee-let doos-în-tors lah ah-eh-ro-port?*)

905.   Do you accept credit cards for ticket purchases?
        Acceptaţi carduri de credit pentru cumpărarea de bilete?
        (*Ak-cep-tah-tsee kar-doo-ree deh kre-deet pen-troo koom-pă-rar-
        eh-ah deh bee-leh-teh?*)

906.   Can I get a student discount on this train ticket?
        Pot obţine reducere de student la acest bilet de tren?
        (*Pot ob-ţee-neh reh-doo-cheh-reh deh stu-dent lah ah-ches-t
        bee-let deh tren?*)

907.   Is there a family pass available for the bus?
        Există un abonament de familie disponibil pentru autobuz?
        (*Ex-ees-tă oon ah-boh-nah-ment deh fah-mee-lee dis-po-nee-beel
        pen-troo ow-toh-booze?*)

> **Travel Story:** At a pottery workshop in Horezu, the
> potter said, "fiecare vas are sufletul său," meaning "each
> pot has its own soul."

908. What's the fare for a child on the subway?
Care este tariful pentru un copil la metrou?
(*Ka-re es-te ta-ree-fool pen-tru oon ko-pil lah me-trow?*)

909. Are there any senior citizen discounts for tram tickets?
Există reduceri pentru pensionari la biletele de tramvai?
(*Ex-ees-tă reh-doo-cheh-ree pen-tru pen-see-o-na-ree lah bee-le-teh-le deh tram-vay?*)

910. Do I need to make a reservation for the express train?
Trebuie să fac o rezervare pentru trenul expres?
(*Tre-boo-ye să fak o re-ze-rva-re pen-tru tre-nool ex-pres?*)

911. Can I upgrade to first class on this flight?
Pot să fac upgrade la prima clasă pe acest zbor?
(*Pot să fak up-grade lah pree-mah klă-să pe ah-ches zbor?*)

912. Are there any extra fees for luggage on this bus?
Există taxe suplimentare pentru bagaje la acest autobuz?
(*Ex-ees-tă tak-se soo-plee-men-ta-re pen-tru ba-ga-jeh lah ah-ches ow-toh-booze?*)

913. I'd like to book a sleeper car for the overnight train.
Aş dori să rezerv o vagon de dormit pentru trenul de noapte.
(*Ash doh-ree să re-zer o vah-gon deh dor-meet pen-tru tre-nool deh noap-teh.*)

914. What's the schedule for the next ferry to the island?
Care este orarul pentru următoarea bacă către insulă?
(*Ka-re es-te o-ra-rool pen-tru oor-mă-toa-rea bah-kă kă-tre in-soo-lă?*)

> **Cultural Insight:** Romanian folklore is rich with myths, legends, and fairy tales, often involving mystical creatures and enchanted lands.

915. Are there any available seats on the evening bus to the beach?
Există locuri disponibile în autobuzul de seară către plajă?
*(Ex-ees-tă loh-koo-ree dis-po-nee-bee-le în ow-toh-boo-zool deh
sea-ră kă-tre pla-jă?)*

916. Can I pay for my metro ticket with a mobile app?
Pot plăti biletul de metrou cu o aplicație mobilă?
*(Pot plă-tee bee-le-tool deh me-trow koo o ah-plee-kah-țee
mo-bee-lă?)*

917. Is there a discount for purchasing tickets online?
Există o reducere pentru cumpărarea de bilete online?
*(Ex-ees-tă o reh-doo-che-re pen-tru koom-pă-ră-re-ah deh
bee-leh-teh on-line?)*

918. How much is the parking fee at the train station?
Cât costă taxa de parcare la gara?
(Kât kos-tă tak-sa deh par-ka-re lah ga-ra?)

919. I'd like to reserve two seats for the next shuttle bus.
**Aș dori să rezerv două locuri pentru următorul autobuz
navetă.**
*(Ash doh-ree să re-zer doo-ă loh-koo-ree pen-tru oor-mă-to-rool
ow-toh-booze nah-ve-tă?)*

920. Do I need to validate my ticket before boarding the tram?
Trebuie să validez biletul înainte de a urca în tramvai?
*(Tre-boo-ye să va-lee-dez bee-le-tool în-eye-en-teh deh ah oor-cah
în tram-vay?)*

921. Can I buy a monthly pass for the subway?
Pot cumpăra un abonament lunar pentru metrou?
(Pot koom-pă-ră oon ah-boh-na-ment loo-nar pen-tru me-trow?)

922. Are there any group rates for the boat tour?
Există tarife de grup pentru turul cu barca?
(*Ex-ees-tă ta-ree-feh deh groop pen-tru too-rool koo bar-kah?*)

> **Travel Story:** In a monastery in Bucovina, a monk
> described the frescoes as "rugăciuni în culori," or
> "prayers in colors."

Arranging Travel

923. I need to book a flight to Paris for next week.
Trebuie să rezerv un zbor către Paris pentru săptămâna viitoare.
(*Tre-boo-ye să re-zer oon zbor kă-tre Pah-rees pen-tru săp-tă-mâ na vee-i-toa-reh.*)

924. What's the earliest departure time for the high-speed train?
Care este ora de plecare cea mai devreme pentru trenul de mare viteză?
(*Ka-re es-te o-ra de ple-ka-re chea my de-vre-me pen-tru tren-ool deh ma-re vi-te-ză?*)

925. Can I change my bus ticket to a later time?
Pot schimba biletul de autobuz pentru unul mai târziu?
(*Pot skeem-bah bee-le-tool deh ow-toh-booze pen-tru oon-ool my târ-zyoo?*)

926. I'd like to rent a car for a week.
Aş dori să închiriez o maşină pentru o săptămână.
(*Ash doh-ree să în-khee-ree-ez o mă-shee-nă pen-tru o săp-tă-mâ-nă.*)

927. Is there a direct flight to New York from here?
Există un zbor direct către New York de aici?
(*Ex-ees-tă oon zbor dee-rect kă-tre New York deh a-ee-chee?*)

928. I need to cancel my reservation for the cruise.
Trebuie să anulez rezervarea mea pentru croazieră.
(*Tre-boo-ye să ah-noo-lez re-zer-va-rea mea pen-tru
kro-a-zi-e-ră.*)

929. Can you help me find a reliable taxi service for airport transfers?
**Mă poți ajuta să găsesc un serviciu de taxi de încredere pentru
transferuri aeroportuare?**
(*Mă po-te ah-joo-tah să gă-sesk oon ser-vee-choo deh tak-see deh
în-cre-de-re pen-tru trans-fer-oo-ree a-eh-ro-por-twah-reh?*)

930. I'm interested in a guided tour of the city.
How can I arrange that?
Sunt interesat de un tur ghidat al orașului.
Cum pot aranja asta?
(*Soont in-te-re-sat deh oon toor ghee-dat al o-rash-oo-loo. Koom
pot ah-ran-jah as-tah?*)

931. Do you have any information on overnight buses to the capital?
Aveți informații despre autobuzele nocturne către capitală?
(*Ah-veț in-for-ma-ți-ee des-pre ow-toh-boo-ze-leh nok-toor-neh
kă-tre ka-pi-ta-lă?*)

932. I'd like to purchase a travel insurance policy for my trip.
**Aș dori să cumpăr o poliță de asigurare de călătorie pentru
călătoria mea.**
(*Ash doh-ree să koom-păr o po-lee-tsă deh ah-see-goo-rah-reh deh
că-lă-to-ree-eh pen-tru că-lă-to-ree-ah mea.*)

> **Cultural Insight:** Music is a significant part of
> Romanian culture, from traditional folk music to
> modern genres.

933. Can you recommend a good travel agency for vacation packages?
Puteți recomanda o agenție de turism bună pentru pachete de vacanță?
(*Poo-teți re-co-man-da o ah-gen-țee-eh de too-rism boo-nă pen-tru pah-ke-teh deh vah-kahn-ță?*)

934. I need a seat on the evening ferry to the island.
Am nevoie de un loc pe feribotul de seară spre insulă.
(*Am neh-voy-eh deh oon lohk peh feh-ree-bot-ool deh se-ah-ră spreh in-soo-lă.*)

935. How can I check the departure times for international flights?
Cum pot verifica orele de plecare pentru zborurile internaționale?
(*Koom pot veh-ree-kah o-re-leh deh ple-kah-reh pen-tru zbo-roo-rleh in-ter-nah-țee-o-nah-leh?*)

936. Is there a shuttle service from the hotel to the train station?
Există un serviciu de navetă de la hotel la gară?
(*Ex-ees-tă oon ser-vee-choo deh nah-ve-tă deh lah ho-tel lah gah-ră?*)

937. I'd like to charter a private boat for a day trip.
Aș dori să închiriez o barcă privată pentru o excursie de o zi.
(*Ash doh-ree să în-khee-ree-ez o bar-kă pree-vah-tă pen-tru o ex-kur-see-eh deh o zee.*)

938. Can you assist me in booking a vacation rental apartment?
Mă puteți ajuta să rezerv un apartament de vacanță?
(*Mă poo-teți ah-joo-tah să re-zer-voon a-par-tah-ment deh vah-kahn-ță?*)

939. I need to arrange transportation for a group of 20 people.
Trebuie să organizez transport pentru un grup de 20 de persoane.
(*Tre-boo-ye să or-gah-nee-zehz trans-port pen-tru oon groop deh doo-a-zeh-che deh per-so-ah-neh.*)

940. What's the best way to get from the airport to the city center?
Care este cel mai bun mod de a ajunge de la aeroport la centrul orașului?
(*Ka-reh es-teh chel my boon mod deh ah joo-nje deh lah a-eh-ro-port lah chen-trul o-rash-oo-loo-ee?*)

941. Can you help me find a pet-friendly accommodation option?
Mă puteți ajuta să găsesc o opțiune de cazare prietenoasă pentru animale de companie?
(*Mă poo-teți ah-joo-tah să gă-sesk o op-ți-ooneh deh ka-zah-reh pree-eh-teh-noah-să pen-tru ah-nee-mah-leh deh com-pah-nee-eh?*)

942. I'd like to plan a road trip itinerary for a scenic drive.
Aș dori să planific un itinerar pentru un drum pitoresc.
(*Ash doh-ree să pla-nee-feek oon ee-tee-ne-rar pen-tru oon doom pee-to-resk.*)

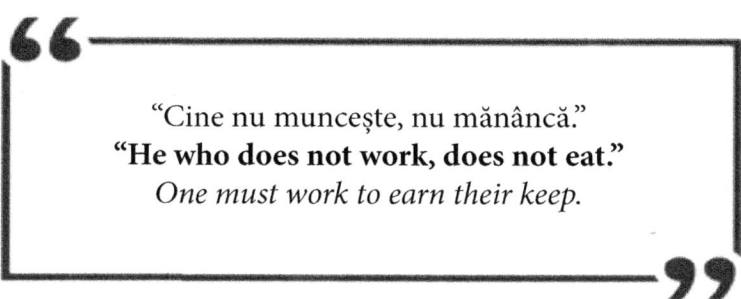

"Cine nu muncește, nu mănâncă."
"He who does not work, does not eat."
One must work to earn their keep.

Word Search Puzzle: Transport & Directions

CAR
MAȘINĂ
BUS
AUTOBUZ
AIRPORT
AEROPORT
SUBWAY
METROU
TAXI
TAXI
STREET
STRADĂ
MAP
HARTĂ
DIRECTION
DIRECȚIE
TRAFFIC
TRAFIC
PARKING
PARCARE
PEDESTRIAN
PIETON
HIGHWAY
AUTOSTRADĂ
BRIDGE
POD
ROUNDABOUT
SENS GIRATORIU
TICKET
BILET

```
R  A  J  Z  M  H  R  E  A  Y  B  R  O  T  I
A  P  U  I  A  Z  N  S  I  S  W  A  B  I  I
C  T  V  T  P  O  K  H  R  Ț  T  L  D  V  P
G  X  A  T  O  Y  A  I  P  S  C  O  X  C  A
Y  O  C  L  S  B  W  O  O  U  P  E  Q  Q  Z
E  K  Y  J  Y  E  U  Y  R  I  O  W  R  S  C
P  T  Y  E  P  S  N  Z  T  H  Y  E  S  I  G
U  S  Q  Q  U  Y  T  S  Z  P  H  R  K  T  D
N  E  O  P  U  O  A  R  I  Q  A  Z  K  A  J
Y  A  W  B  U  S  R  X  A  M  I  F  B  G  V
T  Y  Q  H  E  R  A  T  G  D  K  C  G  P  P
M  E  R  I  C  T  J  E  E  T  Ă  F  V  K  E
E  G  D  X  N  E  R  P  N  M  H  K  X  W  D
O  D  T  A  N  O  I  T  C  E  R  I  D  T  E
D  I  D  T  Y  A  W  H  G  I  H  P  I  N  S
H  R  D  C  Ă  Ă  P  Y  O  A  A  C  X  C  T
B  B  X  X  N  D  A  A  C  I  K  Q  I  L  R
J  R  O  I  U  W  A  A  R  E  U  F  B  Q  I
N  L  Ș  C  G  W  F  R  T  C  A  H  A  T  A
K  A  C  G  I  Y  Y  H  T  R  A  U  P  K  N
M  C  I  D  R  M  J  V  T  S  T  R  A  T  P
W  L  F  P  A  R  K  I  N  G  O  E  E  I  Z
V  N  F  W  T  W  N  T  U  Z  R  T  E  M  V
H  U  A  D  O  M  O  S  A  O  P  T  U  U  T
B  O  R  T  R  B  U  S  P  S  O  F  H  A  H
S  E  T  F  I  I  I  O  H  N  R  I  S  A  C
D  E  V  O  U  Q  R  T  E  L  I  B  R  Q  O
S  T  R  E  E  T  W  E  P  J  A  T  Y  S  B
R  O  U  N  D  A  B  O  U  T  Ă  S  Y  K  R
B  P  X  Q  X  N  J  Q  W  U  S  E  E  F  Q
```

Correct Answers:

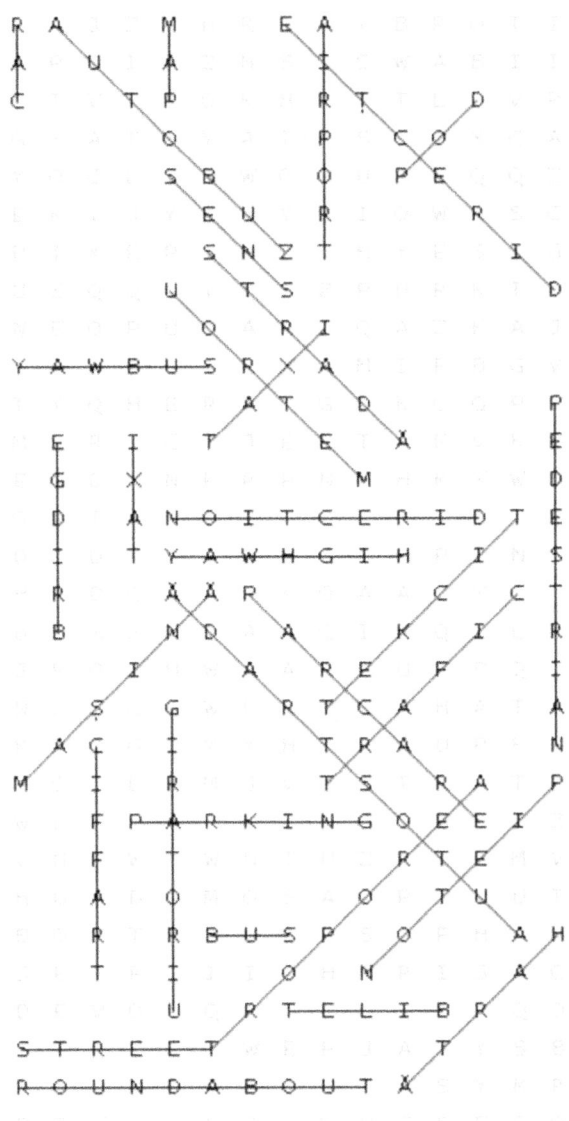

SPECIAL OCCASIONS

- EXPRESSING WELL WISHES AND CONGRATULATIONS -
- CELEBRATIONS AND CULTURAL EVENTS -
- GIVING AND RECEIVING GIFTS -

Expressing Well Wishes & Congratulations

943. Congratulations on your graduation!
Felicitări pentru absolvirea ta!
(*Fe-lee-chee-tah-ree pen-tru ab-sol-vee-re-ah tah!*)

944. Best wishes for a long and happy marriage.
Cele mai bune urări pentru un mariaj lung și fericit.
(*Che-leh my boo-neh oo-ră-ree pen-tru oon mah-ree-ahj loong shi feh-ree-cheet.*)

945. Happy anniversary to a wonderful couple.
La mulți ani unui cuplu minunat.
(*La mool-tzi ah-nee oo-noo-ee coop-loo mee-noo-nat.*)

946. Wishing you a speedy recovery.
Îți dorim o recuperare rapidă.
(*Îț doh-reem o re-coo-peh-rah-reh rah-pee-dă.*)

947. Congratulations on your new job!
Felicitări pentru noul tău job!
(*Fe-lee-chee-tah-ree pen-tru no-ool tow yob!*)

> **Travel Story:** A guide in the medieval city of Sighișoara described it as "a walk through history," or "o plimbare prin istorie."

948. May your retirement be filled with joy and relaxation.
Să fie pensia ta plină de bucurie și relaxare.
(*Să fee-eh pen-see-ah tah plee-nă deh boo-coo-ree-eh shi re-lax-ah-reh.*)

949. Best wishes on your engagement.
Cele mai bune urări pentru logodna voastră.
(Che-leh my boo-neh oo-ră-ree pen-tru lo-god-nah vo-ah-stră.)

950. Happy birthday! Have an amazing day.
La mulți ani! Să ai o zi uimitoare.
(La mool-tzi ah-nee! Să eye o zee oo-ee-mee-toh-ah-reh.)

   Cultural Insight: Romania has a rich literary tradition with renowned poets like Mihai Eminescu.

951. Wishing you success in your new venture.
Îți urăm succes în noua ta inițiativă.
(Îț oo-răm soo-ches în no-oo-ah tah ee-nee-țee-ah-tih-vă.)

952. Congratulations on your promotion!
Felicitări pentru promovarea ta!
(Fe-lee-chee-tah-ree pen-tru pro-mo-vah-reh-ah tah!)

953. Good luck on your exam—you've got this!
Mult noroc la examen – poți să reușești!
(Moolt no-rock lah ex-ah-men – po-ț să re-ooh-sheșt!)

954. Best wishes for a safe journey.
Cele mai bune urări pentru o călătorie în siguranță.
(Che-leh my boo-neh oo-ră-ree pen-tru o că-lă-toh-ree-eh în see-goo-ran-ță.)

955. Happy retirement! Enjoy your newfound freedom.
Pensie fericită! Bucură-te de noua ta libertate.
(Pen-see-eh feh-ree-chee-tă! Boo-coo-ră-teh deh no-oo-ah tah lee-ber-tah-teh.)

956. Congratulations on your new home.
Felicitări pentru casa nouă.
(*Fe-lee-chee-tah-ree pen-tru kah-sah no-uh.*)

957. Wishing you a lifetime of love and happiness.
Vă dorim o viață plină de dragoste și fericire.
(*Vuh doh-reem o vee-ah-tzuh plee-nuh deh dra-gos-teh shi feh-ree-chee-reh.*)

958. Best wishes on your upcoming wedding.
Cele mai bune urări pentru nunta voastră care urmează.
(*Che-leh my boo-neh oo-ră-ree pen-tru noon-tah vo-ah-struh kah-reh oor-me-ah-zuh.*)

959. Congratulations on the arrival of your baby.
Felicitări pentru sosirea bebelușului vostru.
(*Fe-lee-chee-tah-ree pen-tru so-see-reh-ah beh-beh-loo-shoo-loo-ee vo-stru.*)

960. Sending you warmest thoughts and prayers.
Vă trimitem gândurile și rugăciunile noastre cele mai calde.
(*Vuh tree-mee-tem gund-oo-ree-leh shi roo-guh-choo-nee-leh no-ah-streh che-leh my kahl-deh.*)

961. Happy holidays and a joyful New Year!
Sărbători fericite și un An Nou plin de bucurie!
(*Săr-buh-toh-ree feh-ree-chee-teh shi oon Ahn No-oo pleen deh boo-coo-ree-eh.*)

962. Wishing you a wonderful and prosperous future.
Vă dorim un viitor minunat și prosper.
(*Vuh doh-reem oon vee-i-tor mee-noo-nat shi pros-per.*)

Idiomatic Expression: "A fi la mama naibii." - Meaning: "To be in a remote place."
(Literal translation: "To be at the devil's mother.")

Celebrations & Cultural Events

963.   I'm excited to attend the festival this weekend.
       Sunt entuziasmat să particip la festival în acest weekend.
       (Soont en-too-zee-as-mat să par-tee-cheep lah fes-ti-val în ah-chesht vee-ken.)

964.   Let's celebrate this special occasion together.
       Să sărbătorim împreună acest prilej special.
       (Suh săr-buh-toh-reem îm-pre-oo-nuh ah-chesht pree-lej spe-chee-al.)

       Fun Fact: Mamaliga is a staple Romanian dish similar to polenta.

965.   The cultural parade was a vibrant and colorful experience.
       Parada culturală a fost o experiență vibrantă și colorată.
       (Pa-ra-dah kool-too-rah-luh ah fohst o eks-pe-ree-entzuh vee-brant-uh shi ko-lo-ra-tuh.)

966.   I look forward to the annual family reunion.
       Aștept cu nerăbdare reuniunea anuală a familiei.
       (Ash-tept koo neh-răb-dah-reh re-oo-nee-ooh-neh-ah ah-noo-ah-luh ah fa-me-lee-eh.)

967.   The fireworks display at the carnival was spectacular.
       Spectacolul de artificii de la carnaval a fost spectaculos.
       (Spek-tah-koh-lool deh ar-tee-fee-chee deh lah kar-nah-val ah fohst spek-tah-koo-lohs.)

968.   It's always a blast at the neighborhood block party.
       Este întotdeauna distractiv la petrecerea de cartier.
       (Es-te în-toh-deh-ow-nah dees-trak-teev lah peh-tre-cheh-reh deh kar-tyehr.)

969. Attending the local cultural fair is a tradition.
Participarea la târgul cultural local este o tradiție.
(*Par-ti-ci-pah-re-ah lah târ-gool kool-too-ral lo-kal es-teh o tra-dee-țee-eh.*)

970. I'm thrilled to be part of the community celebration.
Sunt încântat să fac parte din sărbătoarea comunității.
(*Soont în-kân-tat să fak par-te din săr-bă-toa-re-ah ko-mu-ni-tă-țee.*)

971. The music and dancing at the wedding were fantastic.
Muzica și dansul la nuntă au fost fantastice.
(*Moo-zee-kah shi dans-ool lah noon-tah ow fost fahn-tahs-tee-cheh.*)

972. Let's join the festivities at the holiday parade.
Hai să participăm la festivitățile paradei de sărbătoare.
(*Hay să par-ti-ci-păm lah fes-ti-vi-tă-țee-leh pah-rah-deh de săr-bă-toa-reh.*)

973. The cultural exchange event was enlightening.
Evenimentul de schimb cultural a fost iluminator.
(*Eh-ve-ni-men-tool de skimbe kool-too-ral ah fost ee-loo-mi-na-tor.*)

974. The food at the international festival was delicious.
Mâncarea la festivalul internațional a fost delicioasă.
(*Mân-kah-re-ah lah fes-ti-va-lool in-ter-na-țyo-nal ah fost de-li-choa-suh.*)

> **Travel Story:** In a Târgu Mureș cafe, a group of friends raised their glasses saying, "pentru vremuri mai bune," or "to better times."

975. I had a great time at the costume party.
M-am distrat de minune la petrecerea costumată.
(M-am dis-trat de mee-noo-neh lah pe-tre-che-re-ah kos-too-mah-tuh.)

976. Let's toast to a memorable evening!
Să ciocnim paharele pentru o seară memorabilă!
(Suh choch-neem pah-ha-re-le pen-troo o se-ah-ră me-mo-ra-bi-luh!)

977. The concert was a musical extravaganza.
Concertul a fost un extravaganza muzical.
(Kon-cer-tool ah fost oon eks-tra-va-gan-zah moo-zi-kal.)

978. I'm looking forward to the art exhibition.
Aștept cu nerăbdare expoziția de artă.
(Ash-tept koo neh-răb-da-re eks-po-zee-țee-ah de ar-tuh.)

979. The theater performance was outstanding.
Reprezentația teatrală a fost excepțională.
(Re-pre-zen-ta-țee-ah teh-a-trah-luh ah fost eks-chep-țyo-nah-luh.)

980. We should participate in the charity fundraiser.
Ar trebui să participăm la strângerea de fonduri caritabile.
(Ar tre-boo-ee să par-ti-ci-păm lah strân-ge-re-ah de fohn-doo-ree ka-ri-tah-be-leh.)

981. The sports tournament was thrilling to watch.
Turneul sportiv a fost palpitant de urmărit.
(Toor-ne-ool spor-teev ah fost pal-pi-tant de oor-muh-reet.)

982. Let's embrace the local customs and traditions.
Să adoptăm obiceiurile și tradițiile locale.
(Suh ah-dop-tăm o-bee-choo-ee-leh shi tra-dee-țee-leh lo-kah-leh.)

Giving and Receiving Gifts

983.   I hope you like this gift I got for you.
       Sper că îţi place acest cadou pe care ţi l-am luat.
       (*Sper kuh îţ pleah-che ah-kest kah-dow peh kah-reh ţi l-am loo-at.*)

984.   Thank you for the thoughtful present!
       Mulţumesc pentru cadoul gândit!
       (*Mool-tzoo-mesk pen-troo kah-dowl gând-eet!*)

>   **Idiomatic Expression:** "A se lua la trântă cu cineva." -
>   Meaning: "To confront someone."
>   (Literal translation: "To wrestle with someone.")

985.   It's a token of my appreciation.
       Este un semn al aprecierii mele.
       (*Es-teh oon semn al ah-pre-chee-eh-ree meh-leh.*)

986.   Here's a little something to brighten your day.
       Iată ceva mic pentru a-ţi lumina ziua.
       (*Ee-ah-tah che-vah meek pen-troo ah-ţee loo-mee-nah zee-oo-ah.*)

987.   I brought you a souvenir from my trip.
       Ţi-am adus un suvenir de la călătoria mea.
       (*Ţee-am ah-doos oon soo-veh-neer deh lah kuh-luh-toh-ree-ah meh-ah.*)

988.   This gift is for you on your special day.
       Acest cadou este pentru tine în ziua ta specială.
       (*Ah-kest kah-dow es-teh pen-troo tee-neh în zee-oo-ah tah speh-cha-luh.*)

>   **Fun Fact:** Hunedoara Castle is one of the largest and
>   most impressive medieval castles in Europe.

989. You shouldn't have, but I love it!
Nu trebuia, dar îmi place foarte mult!
(Noo tre-boo-ee-ah, dar îm pleah-che foh-ar-teh moolt!)

990. It's a small gesture of my gratitude.
Este un mic gest de recunoștință din partea mea.
(Es-teh oon meek guest deh reh-coo-nosh-tință deen par-teh-ah meh-ah.)

991. I wanted to give you a little surprise.
Am vrut să-ți fac o mică surpriză.
(Am vroot să-țee fahk oh mee-kah soor-pree-zuh.)

992. I hope this gift brings you joy.
Sper ca acest cadou să-ți aducă bucurie.
(Sper kah ah-kest kah-dow să-țee ah-doo-kah boo-coo-ree-eh.)

993. It's a symbol of our friendship.
Este un simbol al prieteniei noastre.
(Es-teh oon seem-bol al pree-et-en-ee-ey noah-stray.)

994. This is just a token of my love.
Acesta este doar un semn al dragostei mele.
(Ah-ches-tah es-teh do-ar oon semn al dra-gos-tey meh-leh.)

995. I got this with you in mind.
Am luat acest lucru gândindu-mă la tine.
(Am loo-at ah-kest loo-croo gând-een-doo-muh lah tee-neh.)

996. I knew you'd appreciate this.
Știam că vei aprecia asta.
(Shtee-am kuh vay ah-pre-chee-ah ah-stah.)

997. I wanted to spoil you a bit.
Am vrut să te răsfăț un pic.
(Am vroot să teh răs-fuhț oon peek.)

998. This gift is for your hard work.
Acest cadou este pentru munca ta asiduă.
(Ah-kest kah-dow es-te pen-troo moon-kah tah ah-see-doo-ah.)

999. I hope you find this useful.
Sper să găsești acest lucru util.
(Sper să gă-sești acest loo-croo oo-teel.)

1000. It's a sign of my affection.
Este un semn al afecțiunii mele.
(Es-te oon semn al ah-fek-tsi-oo-nee-ee meh-leh.)

1001. I brought you a little memento.
Ți-am adus un mic suvenir.
(Țee-am ah-doos oon meek soo-veh-neer.)

> "Cine sapă groapa altuia, cade singur în ea."
> **"He who digs a hole for another, falls into it himself."**
> *If you try to harm others, it might backfire on you.*

Interactive Challenge: Special Occasions
(Link each English word with their corresponding meaning in Romanian)

1) Celebration	Vacanță
2) Gift	Cadou
3) Party	Felicitări
4) Anniversary	Nuntă
5) Congratulations	Salut
6) Wedding	Sărbătoare
7) Birthday	Absolvire
8) Graduation	Surpriză
9) Holiday	Ceremonie
10) Ceremony	Petrecere
11) Tradition	Zi de naștere
12) Festive	Aniversare
13) Greeting	Toast
14) Toast	Festiv
15) Surprise	Tradiție

Correct Answers:

1. Celebration - Sărbătoare
2. Gift - Cadou
3. Party - Petrecere
4. Anniversary - Aniversare
5. Congratulations - Felicitări
6. Wedding - Nuntă
7. Birthday - Zi de naștere
8. Graduation - Absolvire
9. Holiday - Vacanță
10. Ceremony - Ceremonie
11. Tradition - Tradiție
12. Festive - Festiv
13. Greeting - Salut
14. Toast - Toast
15. Surprise - Surpriză

CONCLUSION

Congratulations on reaching the final pages of "The Ultimate Romanian Phrase Book." Whether you envision wandering through the picturesque streets of Bucharest, exploring the medieval towns of Transylvania, or soaking in the rich history and vibrant culture of Romania, your dedication to mastering the Romanian language is commendable.

This phrasebook has been your steadfast companion, offering essential phrases and expressions for seamless communication. You've progressed from basic greetings like "Bună ziua" to more complex constructs, preparing yourself for meaningful interactions, diverse situations, and deep connections with Romania's cultural heritage.

Embarking on the journey to language proficiency is a rewarding experience. Your commitment has built a solid foundation for fluency in Romanian. Remember, language is a mirror of culture - ever-changing, rich, and full of depth.

Should this phrasebook have aided in your linguistic journey, I'd be delighted to hear about it! Connect with me on Instagram: **@adriangruszka** to share your experiences, seek advice, or simply say "Bună!" Mentioning this book on social media and tagging me would be fantastic – I'm eager to celebrate your language achievements with you.

For more resources, deeper insights, and the latest news, visit **www.adriangee.com**. Here, you'll find an array of information, including recommended courses and a community of language learners keen to support your progression.

Learning a new language is more than acquiring words and grammar; it's about connecting with people and embracing their perspectives. Your passion for learning and adapting is your most valuable asset on this linguistic voyage. Embrace every chance to discover, engage, and enrich your understanding.

Mult noroc! (Good luck!) Continue practicing with dedication, enhancing your skills, and most importantly, relishing each moment of your Romanian language journey.

Mulțumesc mult! (Thank you very much!) for choosing this phrasebook. May your future adventures be enriched with delightful encounters and achievements as you continue exploring the exciting realm of languages!

- Adrian Gee

Printed in Great Britain
by Amazon

62244392R00139